SW영재 및 AI학습을 위한 코딩의 첫걸음

혼자서도 쉽게 익힐 수 있는

자기주도 파이썬

“무료” 자동채점 시스템

제 4 판

한컴에듀케이션 알고리즘연구소 편

B.C.Info

혼자서도 쉽게 익힐 수 있는

자기주도 파이썬

한컴에듀케이션 알고리즘연구소 편

복두출판사

자기주도 파이썬을 내면서

필자가 "자기주도 C언어 프로그래밍"이라는 책을 선보인지 어느덧 14년이 넘었다. 처음에는 기존의 프로그래밍 도서와 전혀 다른 스타일 때문에 별로 주목받지 못하다가 점차적으로 관심을 가져주는 분들이 늘어나면서 어느새 개정 11판에 이르고 있다.

위 도서를 출간할 때만 하더라도 크게 주목받지 못하고 있던 파이썬(Python)이라는 언어가 교육 또는 실무에서 오늘과 같이 각광을 받을 것이라고는 전혀 예상하지 못했다. 다른 어떤 언어보다도 쉽고 간결한 문법과 강력한 기능 그리고 다른 언어와의 폭넓은 호환성과 이식성이 이러한 일을 가능하게 만든 것으로 보인다.

막상 파이썬을 교육하려고 보니 역시 C언어 때와 같은 문제에 부딪혔다. 대부분의 프로그래밍 도서가 그렇듯 문법중심으로 쓰인 일반 교재로는 초·중학생이 쉽게 따라하면서 언어를 익히는 것이 쉬운 문제가 아니었다.

결국 자기주도적으로 문제를 해결하고 정올사이트(www.jungol.co.kr)의 채점시스템을 통해 스스로를 점검하면서 문제해결력을 키워나가도록 구성된 "자기주도 C언어 프로그래밍"의 학습스타일을 그대로 도입하여 1판을 출간하게 되었고 나름대로 상당한 성과를 거두기는 했다.

1판에서는 파이썬의 특징을 살리기보다는 C언어를 학습하기 전에 먼저 파이썬 언어를 접하는 경우를 가정하여 지나치게 C문법을 염두에 두고 집필을 한 경향이 있다.

하지만 이제 파이썬이 나름대로의 영역을 구축하여 실제 현장에서 폭넓게 사용되고 있는 마당에 파이썬의 특징을 최대한 살리는 방향으로 수정을 하는 것이 타당하다고 생각해서 전면 개편을 단행하였다.

이 책은 파이썬의 다양한 문법들을 속속들이 파헤치는 문법서가 아니라 누구나 쉽게 프로그래밍에 접근할 수 있도록 이끌어주기 위한 실습서이다. 우리나라 학생들이 10년 이상 영어를 배우고도 막상 외국인과 의사소통이 안 되는 것과 마찬가지로, 파이썬 언어의 어려운 문법을 모두 익히고도 막상 간단한 문법만 알아도 처리할 수 있는 문제조차 제대로 해결하지 못하는 학생들이 의외로 많은게 현실이다. 이 책은 이러한 학생들에게 복잡한 문법에 매달리지 말고 그냥 순서대로 따라하면서 간단한 과제만 수행해 나가다 보면 자신도 모르는 사이에 프로그래밍의 고수가 되어 있는 자신의 모습을 확인할 수 있기를 바라는 마음으로 쓰인 책이다.

한편 이 책은 단순하게 파이썬의 문법을 이용하여 프로그램을 개발하는 것을 목적으로 쓴 것이 아니라 문제를 해결하기 위한 능력을 키워주는 데 초점을 맞추어 구성되었다. 예를 들자면 크기 순서가 정해지지 않은 수열을 오름차순 혹은 내림차순으로 정렬을 하는 경우 파이썬에서는 내장함수 sort()를 이용하여 간단하게 처리할 수 있다. 하지만 이 책에서는 그러한 정렬 함수를 사용하기 전에 먼저 직접 정렬의 원리를 익혀서 충분히 코드로 구현할 수 있도록 하였다. 간단한 함수만 알려주면 될 것을 불필요하게 적어놓았다고 투덜대는 일이 없기를 바란다.

이 책은 파이썬을 처음 배우는 초보자를 위해서 쓰였다. 물론 이미 파이썬을 어느 정도 접하고도 자신이 없는 학생들에게도 이 책은 매우 유용할 것이다. 새로 생긴 코드페어와 같은 각종 대회나 정보영재에 도전하려는 많은 학생들에게도 이 책은 입문서로써 훌륭한 길잡이가 될 것이다.

부디 파이썬에 도전하는 모든 분들에게 부디 말문이 확 트이는 실전 프로그래밍 실습서로서 좋은 길잡이가 되었으면 하는 바램이다.

이 책의 활용 방법

이 책은 각 단원마다 따라하면서 쉽게 익힐 수 있는 기본학습과 각 단원마다 마무리 평가를 위한 형성평가를 통해 학습자 스스로가 자기 주도적으로 프로그램을 익혀나갈 수 있도록 구성되어 있다.

기본학습

각 단원마다 8개 내외의 과제를 해결해 나가는 형식으로 구성되었다. 각 과제를 해결해 나가는 과정은 다음과 같다.

1. 과제제시

- 해결해야 하는 과제가 문제 형식으로 주어지고 입력과 출력의 예가 제시된다.
- 기존에 자신이 알던 방법으로 이 과제를 해결하기 위해 무엇이 부족한지를 생각해보아야 한다.
- 새로 익히게 될 문법이나 형식에 대하여 호기심과 동기를 유발하고자 함이다.

2. 소스

- 위 과제를 해결하기 위한 소스 파일을 제시한다.
- 전체적인 내용을 보면서 자신이 모르는 생소한 부분을 찾아서 그 내용이 자신이 위에서 생각했던 것과 연관지어 어떤 역할을 하는지를 개략적으로 유추하게 한다.

3. 설명

- 위 소스에서 새로운 문법이나 형식에 대하여 자세한 풀이를 한다.
- 위에서 이미 생소한 부분에 대하여 일차적으로 생각을 했다면 그냥 문법을 제시하고 설명하는 것보다 훨씬 강하게 의미가 전달될 수 있다.
- 과제를 해결하기 위해서 새로운 문법의 도입 필요성을 인식하고 구체적으로 활용사례를 익힘으로써, 문법을 먼저 이해하고 예제에 적용하는 방법보다 훨씬 효과적으로 새로운 내용을 익히게 될 것이다.

4. 자가진단

위 과제와 거의 유사한 문제를 제시하여 스스로 반복학습과 약간의 응용을 통해 새로운 문법이나 형식을 확실하게 적용할 수 있도록 하고 온라인 채점을 통해 스스로를 점검하도록 한다.

기타 필요할 경우 "따라하기"와 "Tip" 등을 두어 보충설명을 하였다.

형성평가

모든 과제에 대한 학습이 완료되면 단원을 마무리하기 위해 5~10개의 형성평가 문제가 제시되고 역시 온라인 채점을 통해 단원의 핵심적인 내용을 다시 한 번 숙지하도록 한다.

파이썬이란?

파이썬(Python)은 네덜란드 개발자 귀도 반 로섬(Guido van Rossum)이 만들어서 1990년에 처음으로 공개한 인터프리터 언어다. 파이썬 로고에 두 개의 뱀이 서로 마주본 듯한 그림은 '파이썬'이 원래 그리스 신화에 나오는 뱀 이름이기 때문이다.

파이썬은 최근 구글과 같은 대형 글로벌 기업부터 스타트업에 이르기까지 다양한 기업에서 활용되고 있다. 또한 문법이 간결하고 쉬워서 언어를 처음 배우는 학생들에게도 상당한 인기를 누리고 있다.

파이썬의 장점

1. 쉽다

파이썬은 인간의 생각하는 방식을 그대로 쉽게 표현할 수 있도록 구성된 언어이다.
문법이 쉽고 간결하여 누구나 조금만 들여다보면 쉽게 프로그램을 작성할 수 있다.

2. 강력하다

우리가 하고자 하는 웬만한 작업을 모두 파이썬을 통해 구현할 수 있다. 또한 다른 언어(예컨대 C언어 등)로 작성된 프로그램을 쉽게 포함시킬 수 있어서 확장성이 높다.

이 밖에도 파이썬은 오픈소스로써 누구나 무료로 쓸 수 있고, 누구나 쉽게 익혀서 빠르게 개발할 수 있도록 한다.

파이썬의 단점

파이썬의 단점을 굳이 얘기하자면 앞에서 소개한 것처럼 파이썬이 인터프리터 언어이기 때문에 속도가 다소 느리다는 평가가 있다. 최근에는 pypy 컴파일러를 이용해서 이 부분이 상당히 개선되고 있다.

CONTENTS

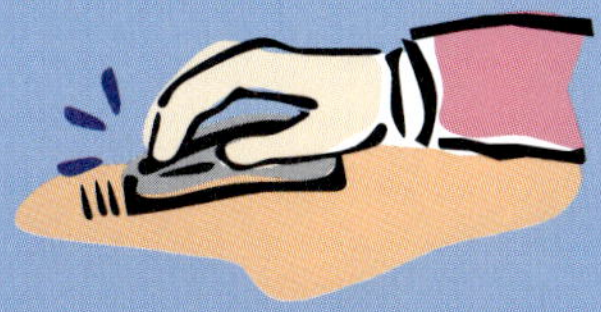

01
CHAPTER

출력

Q1-1 화면에 다음과 같이 출력하는 프로그램을 작성하시오.

◎ 출력예 Hello Jungol!

소스

```
print("Hello Jungol!")
```

설명

• print("Hello Jungol!")

print("…")는 " " 안에 있는 … 문장을 출력하라는 명령(함수)이다.

자가진단 1-1

print() 문을 이용하여 다음 문장("Hi Python")를 출력하시오.

◎ 출력예 Hi Python

모든 문제는 반드시 정올(jungol.co.kr) 사이트에서 채점을 받고 다음 예제로 넘어가야 합니다.

Q1-2 화면에 다음과 같이 출력하는 프로그램을 작성하시오.

◎ 출력예

```
My second program.
2
programs
```

소스

```python
print("My second program.")
print(2)
print("programs")
```

설명

- print()를 여러 번 쓰면, 여러 줄에 걸쳐서 출력을 할 수 있다. 예를 들어 위 출력 예처럼 세 줄에 걸쳐 출력하기 위해서는, print()를 세 번 사용해야 한다.
- print()를 이용하여 문장을 출력하기 위해서는 print("My second program.")와 같이 해당 문장을 따옴표(")로 감싸야 한다. 파이썬에서는 문장을 표현할 때 큰따옴표(")가 아니라 작은따옴표(')를 사용하여도 무관하다.

※ **용어:** 파이썬을 포함한 모든 언어에서 프로그래밍을 할 때에는 문장을 **문자열**이라고 칭한다.

- print()를 이용하여 숫자를 출력하는 경우는 print(2) 처럼 따옴표 없이 숫자만 써주면 된다.

자가진단 2-1

print() 문을 세 개 이용하여 다음과 같이 출력하는 프로그램을 작성하시오.

◎ 출력예

```
I have
3
books.
```

자가 진단 2-2

다음과 같이 출력하는 프로그램을 작성하시오..

◎ 출력예

```
My age:
15
My weight:
67.3
```

hint: 소수를 출력하는 경우에도 print(67.3)과 같이 써주면 된다.

Q1-3 화면에 다음과 같이 출력하는 프로그램을 작성하시오.

◎ 출력예

```
Program number 3
Program number 3
```

소스

```python
print("Program number 3")
print('Program', "number", 3)
```

설명

• `print("Program number 3")`

출력할 문자열을 출력하는 가장 간단명료한 방법은 출력할 문장을 큰따옴표 또는 작은따옴표를 씌워서 그대로 print()안에 넣는 것이다.

• `print('Program', "number", 3)`

print()에 여러 요소를 쉼표(,)로 분리해서 넣을 수도 있다.
이 때 중요한 점은 출력되는 화면에는 각 요소들 사이에 공백이 추가적으로 출력된다는 점이다.

- 'Program'과 "number"는 모두 문자열인데, 파이썬에서 문자열을 표현할 때는 'Program'처럼 작은따옴표를 사용하여도 되고, "number"처럼 큰따옴표를 사용하여도 된다. 3과 같은 경우 숫자이기 때문에 따옴표(")를 사용하지 않았다.
- 윗 줄의 print()와 아랫줄의 print()는 같은 역할을 하므로, 같은 문장이 출력된다.

자가진단 3

다음과 같이 출력되는 프로그램을 작성하시오. 단, print()안에 쉼표(,)를 두 개 이상 사용하시오.

◎ 출력예

```
Apple Banana Carrot
```

Q1-4 화면에 다음과 같이 출력하는 프로그램을 작성하시오.

◎ 출력예

```
*   *
 * *
  *
```

소스

```python
print("*   *")
print(" * * ")
print("  *  ")
```

설명

- print()에서 " "의 내용은 소스 그대로 출력이 된다. 공백도 문자이므로 공백을 넣은 개수만큼 띄어서 출력이 된다. (위의 예제는 '*'의 앞과 중간에 첫째 줄에 0 + 3개, 둘째 줄에 1 + 1개, 셋째줄에 2 + 0개의 공백이 각각 출력되었다.)

자가진단 4

다음과 같이 출력되는 프로그램을 작성하시오.

◎ 출력예

```
(@) (@)
( *~* )
 (^^^)
```

hint: 공백을 적절히 사용하여 좌우균형을 맞추어야 합니다.

Q1-5 화면에 다음과 같이 출력하는 프로그램을 작성하시오.

◎ 출력예

```
5 + 7 = 5 + 7
5 + 7 = 12
```

소스

```
print("5", "+", "7", "=", "5 + 7")
print(5 , "+", 7, "=", 5 + 7)
```

설명

- print("5 + 7"): 출력할 부분이 따옴표(")로 감싸져 있다. 문자열 "5 + 7"을 그대로 출력하므로, 화면에도 5 + 7의 계산값인 12가 아닌 5 + 7이라는 문자열이 그대로 출력된다.
- print(5 + 7): 출력할 부분이 따옴표(")로 감싸져 있지 않은 경우에는 문자열 "5 + 7"가 아니라 수식 5 + 7을 나타낸다. 이는 계산 결과가 하나의 수치로써 출력되므로 5 + 7의 계산 결과인 12가 출력된다.

자가진단 5-1

다음과 같이 출력되는 프로그램을 작성하시오. 단, print()안에 쉼표(,)를 하나 넣고, 쉼표 앞에는 문자열을, 뒤에는 수식을 넣어서 출력하시오.

◎ 출력예

```
5 + 10 = 15
```

자가진단 5-2

다음과 같이 출력되는 프로그램을 작성하시오. 단, print()안에 쉼표(,)를 하나 넣고, 쉼표 앞에는 수식을, 뒤에는 문자열을 넣어서 출력하시오.

◎ 출력예

```
5 = 10 - 5
```

형성평가 문제

형성평가도 반드시 정올(jungol.co.kr) 사이트에서 채점을 받고 다음 단원으로 넘어가야 합니다.

1 다음과 같이 출력하는 프로그램을 작성하시오.

◎ 출력예

```
Solved at Jungol
```

2 다음과 같이 출력하는 프로그램을 작성하시오.

◎ 출력예

```
Do you know Python?
Yes I do!
```

3 다음과 같이 출력하는 프로그램을 작성하시오. print()안에 쉼표(,)를 사용하시오.

◎ 출력예

```
Animal: Panda
```

4 다음과 같이 출력하는 프로그램을 작성하시오.

◎ 출력예

```
  *
 * *
*****
```

5 다음과 같이 출력하는 프로그램을 작성하시오. 단, = 뒤에는 수식을 사용하시오.

◎ 출력예

```
5 + 6 = 11
10 - 3 = 7
```

6 다음과 같이 출력하는 프로그램을 작성하시오. (합계는 수식을 이용할 것)

◎ 출력예

```
kor 90
mat 80
eng 100
hap 270
```

02 CHAPTER

변수와 입력

Q2-1

name과 age라는 변수에 각각 Kim과 15를 대입하여 다음과 같이 출력하는 프로그램을 작성하시오.

◎ 출력예　　Kim is 15 years old.

소스

```
name = "Kim"
age = 15
print(name, "is", age, "years old.")
```

설명

• 변수

변수란 본래 "변경이 가능한 수"의 의미를 갖고 있는데, 파이썬에서 변수는 값을 저장하는 메모리 공간을 가리키는 이름이다. 변수에는 정수, 실수, 문자열 등의 다양한 유형의 데이터를 저장할 수 있다. 저장되는 값은 프로그램 실행 중 변경이 가능하다.

• `name = "Kim"`

name이라는 변수를 생성하고 그 위치에 문자열 "Kim"을 저장한다. 문자열의 경우는 그대로 쓰면 변수와 구분을 할 수 없기 때문에 반드시 ' ' 또는 " " 로 표시해야 함을 유의하자.

위와 같이 변수에 값을 넣는 것을 "대입"이라고 하고, "변수 name에 "Kim"을 대입한다."라고 말한다. 위에서 선언된 name이라는 이름의 메모리 공간에 "Kim"이 저장된다.

• `age = 15`
age라는 이름의 메모리 공간에 정수 15가 저장된다.

• `print(name, "is", age, "years old.")`
name과 age를 출력하게 되면 해당 변수에 저장된 값들이 출력된다.

변수에 저장되는 자료형으로 자주 사용되는 것은 다음과 같은 것들이 있다. 각 자료형은 특정한 규칙을 갖고 있으며, 컴퓨터에 따라 다르게 처리된다.

종류		사용 예
정수	int	0, 123, -456
실수	float	3.14, 1e9, -0.5
문자열	str	"ABC", "Best Jungol!"
논리형	bool	True, False

- 변수 이름은 프로그램을 작성하는 사람이 마음대로 정할 수 있지만 반드시 아래의 규칙을 지켜야 한다.

1) 변수 이름은 알파벳, 숫자, under bar('_')의 조합으로 선언할 수 있다. 공백을 포함한 기타의 특수문자(+, -, *, /, &....)들은 사용할 수 없다.
2) 첫 글자에는 숫자를 사용할 수 없다. (알파벳 또는 '_' 문자만 가능하다.)
3) 대문자와 소문자는 다른 문자로 인식되므로 구분하여 사용한다.
4) 기본 명령어인 keyword(if, for, break...)는 변수이름으로 사용할 수 없다.

※ 변수의 이름을 정할 때에는 어떤 용도로 사용할 것인지에 따라 알아보기 쉽도록 의미있게 정하는 것이 좋다.

예) 합계를 저장할 변수 : sum, total, hap 등
평균을 저장할 변수 : avg(average의 약자), pyung 등

자가 진단 1-1

변수에 -50을 대입하여 출력하는 프로그램을 작성하시오.

◎ 출력예

```
-50
```

자가 진단 1-2

변수 두 개에 3과 7을 대입하여 출력 예와 같이 출력하는 프로그램을 작성하시오.

◎ 출력예

```
7 3
```

자가 진단 1-3

변수 두 개에 각각 3.14와 "pi"를 대입하여 출력 예와 같이 출력하는 프로그램을 작성하시오.

◎ 출력예

```
pi = 3.14
```

자가 진단 1-4

변수 두 개에 각각 10과 20을 대입하여 출력 예와 같이 출력하는 프로그램을 작성하시오.

◎ 출력예

```
10 + 20 = 30
10 - 20 = -10
```

Q2-2 입력받은 문자열을 출력예와 같이 출력하는 프로그램을 작성하시오.

ⓘ 입력예　Lee

ⓞ 출력예　Your name is Lee

소스

```
name = input().strip()
print("Your name is", name)
```

설명

• `name = input().strip()`

input() 함수는 사용자로부터 입력을 받는 명령(함수)이다.

input()으로 입력받은 문장은 문자열 형식으로 name 변수에 저장된다. 이 때, 입력되는 문자열의 앞뒤에 불필요한 공백문자가 있을 수 있으므로 .strip()을 뒤에 붙여준다. 이에 대한 자세한 설명은 문자열 단원에서 다룰 예정이다.

자가진단 2-1

나라와 수도를 입력받아 출력 예와 같이 출력하는 프로그램을 작성하시오.

ⓘ 입력예　Korea
Seoul

ⓞ 출력예　Capital of Korea is Seoul

자가진단 2-2

세 개의 과일을 입력받아 출력 예와 같이 출력하는 프로그램을 작성하시오.

ⓘ 입력예

```
Apple
Banana
Orange
```

ⓞ 출력예

```
Apple and Apple
Banana or Orange
```

자가진단 2-3

네 명의 이름을 입력받아 출력 예와 같이 출력하는 프로그램을 작성하시오.

ⓘ 입력예

```
Kim
Lee
Park
Choi
```

ⓞ 출력예

```
Park vs Choi
Kim vs Lee
```

Q2-3 입력받은 정수를 출력하는 프로그램을 작성하시오.

ⓘ 입력예	100
ⓞ 출력예	입력받은 정수: 100

소스

```
N = int(input())
print("입력받은 정수:", N)
```

설명

• int(input())

int(...)는 괄호안에 들어간 문자열 …을 정수로 변형시켜주는 명령(함수)이다. 입력받은 문장이 정수인 경우에는 위와 같은 방법으로 자료형을 정수로 변형시켜 변수에 저장할 수 있다.

- 문자열을 입력받을 때 사용하는 .strip()을 사용하지 않는 이유는 int()가 해당 처리까지 전부 해주기 때문이다. 즉, int(input().strip())과 같이 쓸 이유는 없다.

자가진단 3-1

나이를 입력받아 출력하는 프로그램을 작성하시오.

ⓘ 입력예	21
ⓞ 출력예	I am 21 years old

자가진단 3-2

형과 동생의 나이를 입력받아 형이 동생보다 몇 살이 많은지 출력하는 프로그램을 작성하시오.

ⓘ 입력예

6
2

ⓞ 출력예

4

자가진단 3-3

세 정수를 입력받아 그 합을 출력하는 프로그램을 작성하시오.

ⓘ 입력예

1
2
3

ⓞ 출력예

6

Q2-4 입력받은 실수를 출력하는 프로그램을 작성하시오.

ⓘ 입력예	1.25
ⓞ 출력예	입력받은 실수: 1.25

소스

```python
N = float(input())
print("입력받은 실수:", N)
```

설명

- `float(input())`

float(...)는 괄호안에 들어간 문자열 …을 실수로 변형시켜주는 명령(함수)이다. 입력받은 문장이 실수인 경우에는 위와 같은 방법으로 자료형을 실수로 변형시켜 변수에 저장할 수 있다.

- 문자열을 입력받을 때 사용하는 .strip()을 사용하지 않는 이유는 정수와 마찬가지로 float()이 해당 처리까지 전부 해주기 때문이다.

자가진단 4-1

두 실수를 입력받아 출력 예와 같이 출력하는 프로그램을 작성하시오.

ⓘ 입력예	1.2 3.4
ⓞ 출력예	좌표 = (1.2 , 3.4)

자가 진단 4-2

정수와 실수를 한 개씩 입력받아 더한 값을 출력하는 프로그램을 작성하시오.

ⓘ 입력예

```
5
2.25
```

ⓞ 출력예

```
5 + 2.25 = 7.25
```

자가 진단 4-3

실수 두 개를 입력받아 첫 번째 값에는 5를 더한 값을 출력하고 두 번째 값에는 5를 뺀 값을 출력하는 프로그램을 작성하시오.

ⓘ 입력예

```
10.3
10.5
```

ⓞ 출력예

```
15.3
5.5
```

Q2-5 한 줄에 정수 두 개를 입력받아 연산 결과를 다음과 같이 출력하는 프로그램을 작성하시오.

ⓘ 입력예	10 20
ⓞ 출력예	10 * 20 = 200

소스

```
a, b = input().split()
a = int(a)
b = int(b)

print(a, "*", b, "=", a * b)
```

설명

• `a, b = input().split()`

input().split()은 한 줄에 입력받은 문장을 공백을 기준으로 분리시켜 순서대로 변수 a와 b에 저장하게 된다. strip()과는 전혀 다른 함수이니 주의해야 한다. 만약 값이 세 개라면 a, b, c = input().split()과 같이 세 개의 변수로 받아줘야 한다.

• `a = int(a)`

a에 입력받은 데이터 "10"은 문자열이기에 int()를 이용해 정수 10으로 바꿔준다.

자가진단 5-1

두 정수 X, Y를 입력받아 첫 줄에 Y를, 그 다음 줄에 X를 출력하는 프로그램을 작성하시오.

ⓘ 입력예

```
2 3
```

ⓞ 출력예

```
3
2
```

자가진단 5-2

네 개의 정수를 입력받아 총합을 출력하는 프로그램을 작성하시오.

ⓘ 입력예 1 2 3 4

ⓞ 출력예 total sum = 10

자가진단 5-3

두 개의 정수를 입력받아 출력 예와 같이 거듭제곱식을 출력하는 프로그램을 작성하시오.

ⓘ 입력예 2 4

ⓞ 출력예 2 ** 4 = 16

hint:
a ** b는 a의 b제곱을 나타내는 연산자이다.

자가진단 5-4

첫 줄에 정수 A와 C를 입력받고, 다음 줄에 정수 B와 D를 입력받아 A * B + C * D를 출력하는 프로그램을 작성하시오.

ⓘ 입력예
```
1 2
3 4
```

ⓞ 출력예 11

Q2-6 이름, 키, 몸무게를 입력받아 출력하는 프로그램을 작성하시오.

ⓘ 입력예

```
Park 189 82.3
```

ⓞ 출력예

```
name: Park
height: 189
weight: 82.3
```

소스

```python
name, height, weight = input().split()
height = int(height)
weight = float(weight)

print("name:", name)
print("height:", height)
print("weight:", weight)
```

설명

• `name, height, weight = input().split()`

세 개로 나눠지는 문장을 입력받아 이를 순서대로 name, height, weight 변수에 저장시킨다.

split()함수에 공백을 제거해 주는 역할이 포함되어 있으므로 strip() 함수를 따로 써줄 필요가 없다.

• `weight = float(weight)`

weight에 입력받은 데이터 "82.3"은 문자열이기에 float()를 이용해 실수 82.3으로 바꿔준다.

자가 진단 6-1

형과 동생의 이름과 출생연도를 입력받아 출력 예와 같이 출력하는 프로그램을 작성하시오.

ⓘ 입력예

```
Jung 2008
Kang 2013
```

ⓞ 출력예

```
Jung was born in 2008
Kang was born in 2013
Jung is 5 years older than Kang
```

자가 진단 6-2

첫 번째 줄에 목적지, 두 번째 줄에 시간과 거리를 입력받아 총합을 출력하는 프로그램을 작성하시오.

ⓘ 입력예

```
Seoul
3 10.5
```

ⓞ 출력예

```
Location: Seoul
Time: 3 hours
Distance: 10.5 km
```

형성평가 문제

1 두 개의 변수에 각각 "Chulsoo", 100을 대입해서 다음과 같이 출력하는 프로그램을 작성하시오.

ⓞ 출력예	My name is Chulsoo My score is 100

2 세 개의 문자열을 입력받아 다음과 같이 출력하는 프로그램을 작성하시오.

ⓘ 입력예	Beomgye Middle Minsoo
ⓞ 출력예	Minsoo graduated Beomgye Middle school.

3 세 개의 정수를 입력받아 다음과 같이 첫 번째와 두 번째 수를 더하고 세 번째 수를 빼는 식을 출력하는 프로그램을 작성해보시오.

ⓘ 입력예	5 7 9
ⓞ 출력예	5 + 7 - 9 = 3

4 두 개의 실수를 입력받아 합을 구하는 프로그램을 작성하시오.

ⓘ 입력예	12.5 3.3
ⓞ 출력예	total = 15.8

5 정수와 실수를 한 개씩 입력받아 다음과 같이 두 수의 합을 구하는 식을 출력하는 프로그램을 작성하시오.

ⓘ 입력예	5 7.3
ⓞ 출력예	5 + 7.3 = 12.3

6 yard 단위의 길이를 입력받아 cm로 변환하여 출력하는 프로그램을 작성하시오.
(hint: 1 yard = 91.44 cm)

ⓘ 입력예	10.1
ⓞ 출력예	10.1 yard = 923.544 cm

03
CHAPTER

연산자

Q3-1 두 개의 정수를 입력받아 다음과 같이 출력하는 프로그램을 작성하시오.

ⓘ 입력예

```
5
2
```

ⓞ 출력예

```
5 + 2 = 7
5 - 2 = 3
5 * 2 = 10
5 / 2 = 2.5
5 // 2 = 2
5 % 2 = 1
5 ** 2 = 25
```

소스

```python
x = int(input())
y = int(input())
print(x, "+", y, "=", x + y)
print(x, "-", y, "=", x - y)
print(x, "*", y, "=", x * y)
print(x, "/", y, "=", x / y)
print(x, "//", y, "=", x // y)
print(x, "%", y, "=", x % y)
print(x, "**", y, "=", x ** y)
```

설명

• 대입연산자

변수에 값을 대입하는 연산자를 "대입 연산자"라고 한다. '='의 왼쪽 변수에 오른쪽 내용을 대입(저장)하는 것이다. a = b + c라고 하면 b + c의 결과를 a에 저장하는 것이다. 따라서, 왼쪽에는 수식이나 상수를 사용할 수 없으며 반드시 변수만을 사용할 수 있다. 오른쪽에는 변수, 상수, 수식이 모두 사용 가능하다.

• 산술연산자

계산식으로 나타내어 결과 값을 돌려주는 연산자를 "산술연산자"라고 하며 다음과 같은 종류가 있다.

연산자	기능	사용법	의미
+	덧셈	a = b + c	b와 c를 더한 결과를 a에 대입한다.
-	뺄셈	a = b - c	b에서 c를 뺀 결과를 a에 대입한다.
*	곱셈	a = b * c	b와 c를 곱한 결과를 a에 대입한다.
/	나눗셈	a = b / c	b를 c로 나눈 결과를 실수 자료인 a에 대입한다.
//	몫	a = b // c	b를 c로 나눈 몫을 정수 자료인a에 대입한다.
%	나머지	a = b % c	b를 c로 나눈 나머지를 a에 대입한다.
**	거듭제곱	a = b ** c	b의 c제곱(b를 c번 곱한 값)을 a에 대입한다.

- '/' 연산자는 두 수가 모두 정수인 경우에도 실수 연산결과를 돌려준다.

  예) 15 / 4 = 3.25

- '//' 연산자는 두 수가 모두 정수인 경우에는 나눈 몫을 정수로 돌려주고, 실수가 포함된 연산의 경우에는 정수 연산후 실수로 돌려준다.

  예) 15 // 4 = 3

  15.5 // 4 = 3.0

- '/', '//', '%' 와 같은 나눗셈 관련 연산자는 제수(c)가 0이 되는 경우에는 에러가 발생되므로 사용시 주의해야 한다.

자가 진단 1-1

정수 두 개를 한 줄에 입력받아 출력 예와 같이 첫 번째 수를 두 번째 수로 나눈 몫과 나머지를 출력하는 프로그램을 작성하시오.

ⓘ 입력예 5 3

ⓞ 출력예 5 / 3 = 1 ... 2

자가 진단 1-2

정수 세 개를 한 줄에 입력받아 출력 예와 같이 세 수의 합과 평균을 출력하는 프로그램을 작성하시오. 단, 평균의 경우 소수점 이하는 버리고 정수 부분(몫)만 을 출력한다.

ⓘ 입력예 50 80 30

ⓞ 출력예

sum = 160
avg = 53

Q3-2 7개의 정수를 입력받아 각각의 수에 +2, −2, *2, /2, //2, %2, **2의 연산을 실행하여 그 값을 저장한 후 차례대로 출력하는 프로그램을 작성하시오.

ⓘ 입력예

```
2
3
4
5
6
7
8
```

ⓞ 출력예

```
4 1 8 2.5 3 1 64
```

소스 1

```python
a = int(input())
b = int(input())
c = int(input())
d = int(input())
e = int(input())
f = int(input())
g = int(input())

a = a + 2
b = b - 2
c = c * 2
d = d / 2
e = e // 2
f = f % 2
g = g ** 2

print(a, b, c, d, e, f, g)
```

설명 1

• a = a + 2

만약 수학식이라면 위의 식은 성립되지 않는다(a와 a+2가 같다는 명제는 절대 참일 수 없다.)
하지만, 프로그램에서 a = a + 2의 의미는 "a변수의 값에 2를 더하여 a변수에 대입(저장)하라."는 의미가 된다. 즉, 변수 a의 값이 2만큼 증가하는 것이다.

소스 2

```
a = int(input())
b = int(input())
c = int(input())
d = int(input())
e = int(input())
f = int(input())
g = int(input())

a += 2
b -= 2
c *= 2
d /= 2
e //= 2
f %= 2
g **= 2

print(a, b, c, d, e, f, g)
```

설명 2

• a += 2

"왼쪽의 변수(a)에 2를 더하여 다시 왼쪽의 변수에 대입(저장)하라."는 의미로써 "a = a + 2"의 식과 같은 표현이다. 이와 같이 대입 연산자와 산술 연산자를 함께 사용하여 값을 변화시키는 연산자를 복합 대입연산자라고 한다.

- 파이썬에서는 C언어나 JAVA에서 제공하는 a++, --a와 같은 증감연산자를 제공하지 않는다. 따라서 1씩 증가하거나 감소하는 연산을 위해서는 다음과 같은 복합대입연산자(a += 1, a -= 1)를 사용해야 한다.

연산자	사용법	의미
+=	a += b	"a + b"의 결과를 a에 대입, "a = a + b"와 같다.
-=	a -= b	"a - b"의 결과를 a에 대입, "a = a - b"와 같다.
*=	a *= b	"a * b"의 결과를 a에 대입, "a = a * b"와 같다.
/=	a /= b	"a / b"의 결과를 a에 대입, "a = a / b"와 같다.
//=	a //= b	"a // b"의 결과를 a에 대입, "a = a // b"와 같다.
%=	a %= b	"a % b"의 결과를 a에 대입, "a = a % b"와 같다.
**=	a **= b	"a ** b"의 결과를 a에 대입, "a = a**b"와 같다.

자가진단 2-1

정수 하나를 입력받아 출력한 후, 10 만큼 증가시켜 출력하는 프로그램을 작성하시오.

ⓘ 입력예

```
15
```

ⓞ 출력예

```
15
25
```

자가진단 2-2

정수 두 개를 입력받아 첫 번째 정수는 10을 감소시켜 저장하고, 두 번째 정수는 2를 곱하여 저장한 후, 두 정수의 합을 출력 예와 같이 출력하는 프로그램을 작성하시오.

ⓘ 입력예

```
30
20
```

ⓞ 출력예

```
20 + 40 = 60
```

자가 진단 2-3

정수 두 개를 한 줄에 입력받아 첫 번째 정수는 2로 나눈 나머지를 저장하고, 두 번째 정수는 10을 더하여 저장한 후, 두 정수의 값과 합을 한 줄에 출력하는 프로그램을 작성하시오.

ⓘ 입력예 7 5

ⓞ 출력예 1 15 16

Q3-3

세 개의 정수 N, A, B를 입력받아 N을 A와 B와 각각 비교하여 같으면 True, 다르면 False를 출력하고, 이어서 다르면 True, 같으면 False를 출력하는 프로그램을 작성하시오.

ⓘ 입력예

```
2
2 3
```

ⓞ 출력예

```
True False False True
```

소스

```
N = int(input())
A, B = input().split()
A = int(A)
B = int(B)

result1 = (N == A)
result2 = (N == B)
result3 = (N != A)
result4 = (N != B)

print(result1, result2, result3, result4)
```

설명

- `result1 = (N == A)`

"N == A"는 "N과 A가 같은가?"라는 의미이며 참이면 True, 거짓이면 False가 된다.
따라서 result1에는 N과 A가 같으면 True, 아니면 False가 대입된다.
N = 2, A = 2이면 result1에는 True가 대입된다.

- `result3 = (N != A)`

"N != A"는 "N과 A가 같지 않은가?"라는 의미이며 참이면 True, 거짓이면 False가 된다.
result3에는 N과 A가 같지 않으면 True, 아니면 False가 대입된다.

입력의 예에서 N과 A는 같으므로 result3에는 False가 대입된다.

- 참과 거짓을 구분하는 자료형을 bool형이라고 하고 "True" 또는 "False"로 표시한다. bool 자료형은 내부적으로 True는 1, False는 0으로 저장된다. 따라서 bool형 자료를 정수형(int)으로 변환하면 1 또는 0으로 저장된다.

- 비교연산자(==)과 대입연산자(=)를 혼동하는 실수는 정말 많이 하게 되는 실수이므로, 특별히 주의를 기울이도록 하자.

자가진단 3

두 정수를 입력받아 첫 줄에 두 정수의 값이 같으면 True, 아니면 False를 출력하고 두 번째 줄에 두 정수의 값이 다르면 True, 같으면 False를 출력하는 프로그램을 작성하시오.

ⓘ 입력예

```
10 15
```

ⓞ 출력예

```
False
True
```

Q3-4

3개의 정수 a, b, c를 입력받아 a가 b보다 큰지, b가 c보다 크거나 같은지, a가 b보다 작거나 같은지, b가 c보다 작은지를 비교하여 참이면 True, 거짓이면 False을 각각 출력하는 프로그램을 작성하시오.

ⓘ 입력예	1 2 2
ⓞ 출력예	False True True False

소스

```
a, b, c = input().split()
a = int(a)
b = int(b)
c = int(c)

result1 = a > b
result2 = b >= c
result3 = a <= b
result4 = b < c

print(result1, result2, result3, result4)
```

설명

– 관계연산자

변수나 숫자 등의 값을 비교하여 참인지 거짓인지를 판단하는 연산자를 관계연산자 또는 비교연산자라고 한다. 조건이 맞으면 "True", 맞지 않으면 "False" 값을 갖게 된다.

관계연산자의 종류는 다음과 같은 것들이 있다.

연산자	읽는법	사용법	의미
==	같다.	a == b	a와 b는 같다.
!=	같지 않다.(not equal)	a != b	a와 b는 같지 않다. (not equal)
〈	작다.(미만)	a 〈 b	a가 b보다 작다.
〉	크다.(초과)	a 〉 b	a가 b보다 크다.
〈=	작거나 같다.(이하)	a 〈= b	a가 b보다 작거나 같다.
〉=	크거나 같다.(이상)	a 〉= b	a가 b보다 크거나 같다.

자가진단 4

두 정수 X, Y를 입력받아 출력 예와 같이 네 가지 관계연산자의 결과를 출력하는 프로그램을 작성하시오.

ⓘ 입력예

10 20

ⓞ 출력예

10 > 20 == False
10 >= 20 == False
10 < 20 == True
10 <= 20 == True

Q3-5

세 개의 변수 A, B, C를 선언하여 각각 True, False, True로 초기화한 후 A와 B가 모두 참인지, B 또는 C가 참인지, B가 거짓인지 확인하여 각각 True 또는 False를 출력하는 프로그램을 작성하시오.

◎ 출력예   False True True

소스

```
A = True
B = False
C = True

result1 = A and B
result2 = B or C
result3 = not B

print(result1, result2, result3)
```

설명

– 논리연산자

두 개 이상의 조건을 조합하여 논리적인 결과를 확인할 수 있는 연산자를 논리연산자라고 하며 다음과 같은 종류가 있다.

연산자	읽는법	사용법	결과값
and	그리고, 논리곱	A and B	A,B가 둘 다 참일때만 True, 나머지 경우에는 False이다.
or	또는, 논리합	A or B	A,B중 하나만 참이면 True, 둘 다 거짓일 때만 False이다.
not	~가 아니다.	not A	A가 참이면 False, 거짓이면 True가 된다.

• `result1 = A and B`

a가 거짓(False)이므로 결과값은 거짓(False)이 된다.

• `result2 = B or C`

a가 거짓이나 b가 참이므로, 결과값은 참(True)이 된다.

• `result3 = not B`

a는 원래 거짓(False)이므로 결과값은 참(True)이 된다.

자가진단 5

세 변수 a, b, c에 각각 True, False, False를 저장하고, 아래 연산식의 결과를 각 줄에 순서대로 출력하는 프로그램을 작성하라.

not a
a and b
a or b
a and (a or c)
a or (a and c)
not b or (a and not c)

* 출력 예의 "???"로 표시된 부분은 여러분들의 연습을 위해 남겨 두었다. 각 줄에 출력되는 논리는 직접 계산한 결과와 프로그램의 계산 결과가 일치하는지 확인해보자.

ⓞ 출력예

```
False
False
???
???
???
???
```

Q3-6 세 개의 정수 a, b, c를 선언하여 각각 0, 1, 2로 초기화한 후 아래 소스와 같은 다양한 논리 연산 결과를 출력하는 프로그램을 작성하시오.

◎ 출력예　　True True False False True

소스

```
a = 0
b = 1
c = 2

result1 = (a < b) and (a < c)
result2 = a < b < c
result3 = (a==b or a==c) and (a or b)
result4 = a or not c
result5 = (a != b) and (b != c)

print(result1, result2, result3, result4, result5)
```

설명

• `result1 = (a < b) and (a < c)`

논리연산자에는 변수뿐 아니라 상수, 수식, 관계식, 논리식 등이 모두 사용될 수 있다. (a 〈 b) 가 참이고 (a 〈 c) 도 참이므로 (True and True) 논리연산의 결과는 참이 된다. 해당 코드는 다른 말로 a가 a, b, c 중 가장 작은 수인지 물어보는 코드라고 해석할 수 있다.

• `result2 = a < b < c`

a 〈 b 〈 c와 같은 표현은 연쇄 비교(Chained Comparison)라고 불리며, 여러 비교 연산을 한 번에 수행할 수 있는 간결한 방법으로, 위의 식은 (a 〈 b) and (b 〈 c)를 간단하게 나타낸 것이다.

• `result3 = (a==b or a==c) and (a or b)`

논리식에 정수가 쓰여있는 경우 0은 거짓, 0이 아닌 모든 수는 참으로 간주한다. 논리식에 쓰여 있는 a는 0이므로 거짓, b와 c는 0이 아니므로 참으로 간주한다.

(a==b or a==c)는 (거짓 or 거짓)으로 거짓이며, (a or b)는 a는 거짓이지만 b가 참이므로 참, 따라서 (False and True) 논리연산의 결과는 거짓이 된다.

※ (심화) 파이썬에서 bool형 자료가 아닌 자료형끼리의 논리곱(and)와 논리합(or)를 엄밀하게 계산하는 방법은 아래와 같다.

연산식	연산결과
a and b	a가 거짓인 경우 a, a가 참인 경우 b
a or b	a가 참인 경우 a, a가 거짓인 경우 b

예를 들어 (a and b) or (b and c)는 (0 and 1) or (1 and 2)인데, 위의 엄밀한 계산법에 따라 0 or 2가 되고, 이를 다시 연산하면 2가 나오게 되어 최종적으로 이 값은 2가 된다.
위 코드에서 (a or b)는 (0 or 1)이므로 1이 되고, 1은 True로 간주된다.

• `result4 = a or not c`

a는 거짓, not c는 거짓(c가 참이기 때문에)이므로 (False or False) 논리연산의 결과는 거짓이 된다.

• `result5 = (a != b) and (b != c)`

a와 b는 같지 않으므로 참, b와 c도 같지 않으므로 참, 따라서 (True and True) 논리연산의 결과는 참이 된다.

자가 진단 6

세 개의 정수를 입력받아 첫 줄에 첫 번째 수가 가장 크면 True, 아니면 False를 출력하고 그 다음 줄에 세 개의 수가 모두 같으면 True, 아니면 False를 출력하는 프로그램을 작성하시오.

ⓘ 입력예

```
10 9 9
```

ⓞ 출력예

```
True
False
```

형성평가 문제

1 네 과목 국어, 영어, 수학, 정보의 점수를 각각 입력받아 총점과 평균을 구하는 프로그램을 작성하시오. (단, 평균은 정수 부분만 출력한다.)

ⓘ 입력예

```
95
78
80
100
```

ⓞ 출력예

```
tot: 353
avg: 88
```

2 두 개의 정수 N과 M을 입력받아 N을 M으로 나눈 몫과 나머지를 곱한 값을 출력하는 프로그램을 작성하시오.

ⓘ 입력예

```
32 5
```

ⓞ 출력예

```
12
```

3 사각형의 가로, 세로 길이를 입력받아 가로 길이는 2배하고, 세로 길이는 3 감소시켜서 저장한 후 가로, 세로, 넓이를 차례로 출력하는 프로그램을 작성하시오.

ⓘ 입력예

```
15
25
```

ⓞ 출력예

```
width = 30
length = 22
area = 660
```

4 세 개의 정수 A, B, C를 입력받아 세 정수의 곱에서 세 정수의 합을 뺀 결과를 출력하는 프로그램을 작성하시오.

ⓘ 입력예
```
2 4 8
```

ⓞ 출력예
```
50
```

5 민재의 나이와 키, 민영의 나이와 키를 입력받아 민영이가 나이도 많고 키도 크다면 True, 그렇지 않으면 False를 출력하는 프로그램을 작성하시오.

ⓘ 입력예
```
11 140
12 140
```

ⓞ 출력예
```
False
```

6 x = True, y = False로 저장한 후 출력 예와 같이 and, or 연산의 결과를 출력하시오.

ⓞ 출력예
```
x and y -> False
x or y -> ???
not x -> ???
not y -> ???
```

CHAPTER 04

선택제어문

Q4-1

정수 N을 입력받아 N이 10보다 크면 "Big"이라고 출력하는 프로그램을 작성하시오.

ⓘ 입력예	20
ⓞ 출력예	Big

소스

```
N = int(input())
if N > 10:
    print("Big")
```

설명

if문은 "if 조건:" 형식으로 사용되는데, 이는 조건을 확인하여 조건이 참(True)인 경우 블록 내의 코드를 실행한다.

- ```
  if N > 10:
      print("Big")
  ```

조건 N 〉 10이 참이라면 블록내의 코드인 print("Big")을 실행한다.

만약 입력받은 정수 N이 10보다 크지 않다면, 즉 조건이 거짓(False)라면 해당 코드는 실행되지 않는다.
  ```

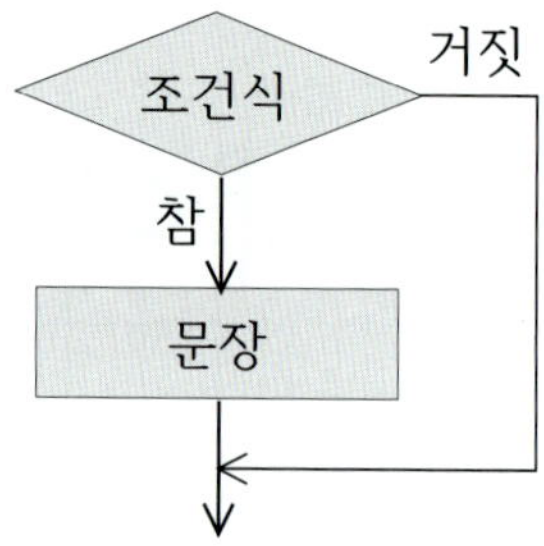

자가진단 1-1

정수 N을 입력받아 N을 출력하고, N이 0보다 작으면 "MINUS"라고 출력하는 프로그램을 작성하시오.

ⓘ 입력예 1	31	ⓘ 입력예 2	-10
ⓞ 출력예 1	31	ⓞ 출력예 2	-10 MINUS

자가진단 1-2

두 정수 N, M을 입력받아 N과 M의 합을 출력하고 N이나 M 중 홀수가 있다면 "ODD"를 출력하는 프로그램을 작성하시오.

ⓘ 입력예 1	3 6	ⓘ 입력예 2	10000 5000
ⓞ 출력예 1	9 ODD	ⓞ 출력예 2	15000

Q4-2 두 정수 a, b를 입력받아 두 수를 출력하되, a가 b보다 크면 두 수를 서로 바꾼 후 출력하는 프로그램을 작성하시오.

ⓘ 입력예	14 13
ⓞ 출력예	13 14

소스

```
a, b = input().split()
a = int(a)
b = int(b)

if a > b:
    tmp = a
    a = b
    b = tmp

print(a)
print(b)
```

설명

- ```
  if a > b:
      tmp = a
      a = b
      b = tmp
  ```

a의 값이 b의 값보다 크면 a과 b를 바꾼다.
a의 값이 b보다 크지 않다면 위 문장을 실행하지 않으므로 위 과정을 거치고 나면 a의 값이 항상 b보다 작거나 같게 된다.

조건문이 맞을 때 실행해야 하는 문장은 위와 같이 모두 들여쓰기를 해야 한다. print 문장은 들여쓰기가 되어 있지 않기 때문에 조건문과 상관없이 실행된다.
  ```

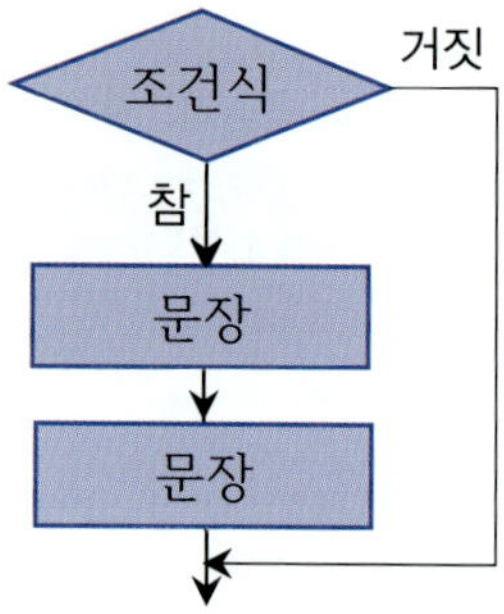

- 두 변수의 값을 바꾸는 과정을 살펴보자. 만약 a와 b를 바꾸려고

```
a = b
b = a
```

이렇게 작성하면 어떻게 될까?

첫 번째 a = b 문장에서 a에 a = b의 값을 대입하게 되므로 a와 b는 모두 원래의 b값이 되고 a에 있던 값은 사라지게 된다. 따라서 두 번째 b = a는 아무 의미가 없는 문장이 된다.

그러므로 a = b를 실행하기 전에 반드시 a에 있는 값을 다른 곳으로 복사해 놓아야 한다. 그리고 b에 있는 값을 a에 대입한 후 다른 곳(tmp)에 복사된 값을 b에 대입하면 된다.

만약 a라는 변수와 b라는 변수에 있는 값을 바꾸고 싶다고 해보자.
이 때, a는 사이다가 들어있는 컵, b는 콜라가 들어있는 컵, c는 빈 컵이라고 생각하고 사이다와 콜라를 바꾸어 담는 과정을 아래의 그림을 잘 살펴보면서 생각해 보자.

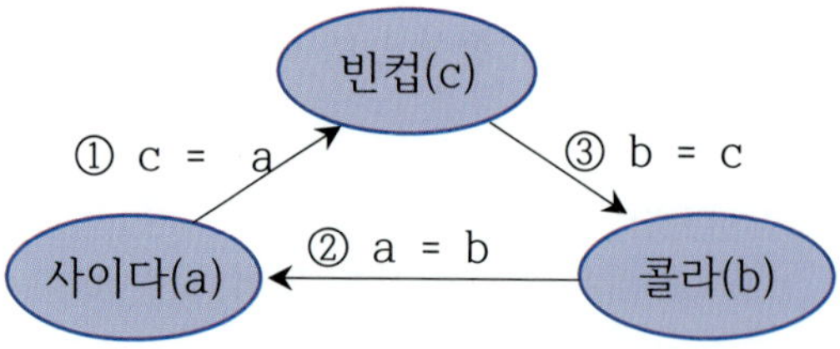

- 물론 파이썬에서는 두 수 a와 b를 바꾸기 위해 아래와 같은 간단한 방법으로 처리가 가능하다.

```
a, b = b, a
```

다만, 선택제어문에서 조건이 참일 때 여러 문장이 실행되는 과정을 살펴보고 자료교환의 원리도 익히기 위해 작성된 예제이다.

자가진단 2

A 과자봉지에는 과자가 a개 들어있고, B 과자봉지에는 과자가 b개 들어있다. 정올이는 두 과자봉지 중 단 하나의 과자봉지를 선택해야한다. 더 많은 양의 과자를 먹고 싶다면 몇 개의 과자를 먹는 것이 가능한지 출력하시오.

ⓘ 입력예　5 2

ⓞ 출력예　5

Q4-3 점수를 입력받아 60점 이상이면 "PASS" 그렇지 않으면 "FAIL"을 출력하는 프로그램을 작성하시오.

ⓘ 입력예 1	58	ⓘ 입력예 2	89
ⓞ 출력예 1	FAIL	ⓞ 출력예 2	PASS

소스

```
score = int(input())

if score >= 60:
    print("PASS")
else:
    print("FAIL")
```

설명

if 조건이 참이면 바로 아래 들여쓰기 블록을 실행하고, 거짓이면 else 다음 들여쓰기 블록을 실행한다.
위의 문장에서는 점수가 60점 이상이면 PASS를 출력하고, 그렇지 않으면 FAIL을 출력한다. 그러므로 두 블록 중 반드시 한 블록을 실행하게 된다.

- else는 "그렇지 않으면"이라는 뜻으로 전체 문장을 다음과 같이 생각하자.

```
if True:
    # 이 부분이 실행됨
else:
    # 이 부분은 실행안됨
```

```
if False:
    # 이 부분은 실행안됨
else:
    # 이 부분이 실행됨
```

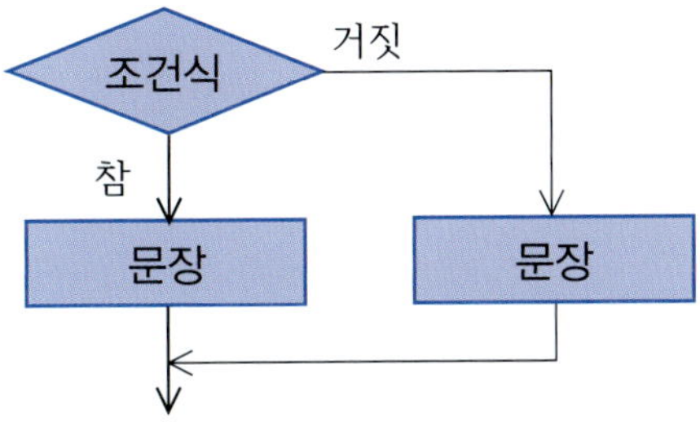

자가진단 3-1

나이를 입력받아 13살 이상이면 "Middle School"이라고 출력하고, 그렇지 않으면 "Elementary School"이라고 출력을 하는 프로그램을 작성하시오. (입력값 범위는 7~15)

ⓘ 입력예 1　9　　　ⓘ 입력예 2　14

ⓞ 출력예 1　Elementary School　　　ⓞ 출력예 2　Middle School

자가진단 3-2

시간을 정수로 입력받아 12시가 안됐으면 "AM"을 12시 이후이면 "PM"을 출력하는 프로그램을 작성하시오. (시간입력 범위는 1 ~ 24)

ⓘ 입력예 1　12　　　ⓘ 입력예 2　1

ⓞ 출력예 1　PM　　　ⓞ 출력예 2　AM

Q4-4 점수를 입력받아 90점 이상이면 'A', 80점 이상이면 'B', 70점 이상이면 'C', 60점 이상이면 'D', 60점 미만이면 'F'라고 출력하는 프로그램을 작성하시오.

ⓘ 입력예	89
ⓞ 출력예	B

소스

```
score = int(input())
if score >= 90:
    print("A")
elif score >= 80:
    print("B")
elif score >= 70:
    print("C")
elif score >= 60:
    print("D")
else:
    print("F")
```

설명

- ```
  if score >= 90:
      print("A")
  ```

점수가 90 이상이면 조건을 만족하여 참이 되므로 "A"를 출력한다.

- ```
  elif score >= 80:
      print("B")
  ```

첫 번째 if 조건이 맞지 않으면 elif 조건을 확인하여 참이면 블록 내의 문장을 실행한다. 80점 이상이면 "B"를 출력한다. elif는 "앞의 조건이 아니고 만약"이라는 의미로 해석하여 이전에 맞는 조건이 없을 경우에만 조건을 확인한다. 예를 들어 95점이라면 이미 이전에 if score >= 90:에서 먼저 실행이 되었으므로 비록 조건이 맞더라도 실행되지 않는다.

elif는 계속하여 조건을 나열할 수 있다.

```
• else:
      print("F")
```

마지막의 else는 이전의 어떤 조건에도 맞지 않은 경우 블록 내의 문장을 실행한다.

- 위의 프로그램은 점수를 입력받아 4가지 조건("ABCD") 중 첫 번째 맞는 조건에 해당하는 첫 블록을 실행하고 맞는 조건이 없다면 마지막 else에 해당하는 "F"를 출력한다.

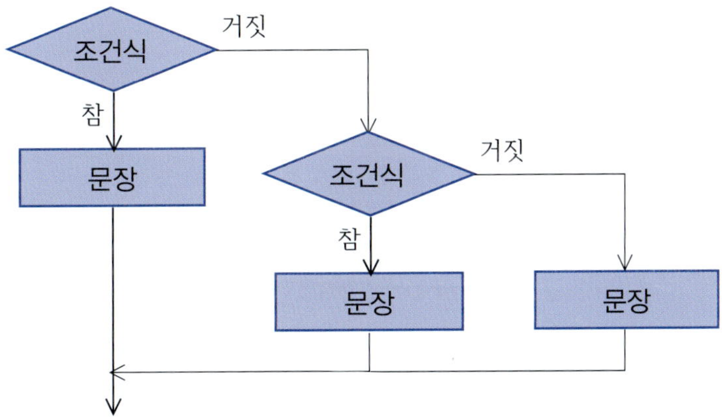

자가진단 4

몸무게를 입력받아 복싱 체급을 출력하는 프로그램을 작성하시오.
(몸무게 ≦ 50.80kg: Flyweight, 몸무게 ≦ 61.23kg: Lightweight, 몸무게 ≦ 72.57kg: Middleweight, 몸무게 ≦ 88.45kg: Cruiserweight, 그 이상이면 Heavyweight)

ⓘ 입력예　79.87

ⓞ 출력예　Cruiserweight

Q4-5 주사위를 두 번 던져서 나온 수가 모두 3 이상이면 "High"를 출력하고, 한 개만 3 이상이면 "Mid"를, 모두 3 미만이면 "Low"라고 출력하는 프로그램을 작성하시오.

ⓘ 입력예	5 2
ⓞ 출력예	Mid

소스

```
a = int(input())
b = int(input())

if a >= 3 and b >= 3:
    print("High")
elif a >= 3 or b >= 3:
    print("Mid")
else:
    print("Low")
```

설명

- `if a >= 3 and b >= 3:`

a가 3 이상이고 b가 3 이상이면, 즉 두 조건이 모두 참이면 블록 내의 문장을 실행한다.

- `elif a >= 3 or b >= 3:`

첫 번째 if 문이 거짓인 경우에만 조건을 확인한다. a가 3 이상이거나 b가 3 이상이면, 즉 두 조건 중 어느 하나가 참이면 블록 내의 문장을 실행한다.

- `else:`

위 두 조건이 모두 거짓이면 블록 내의 문장을 실행한다.

자가 진단 5

두 실수 X, Y가 모두 4.0 이상이면 "A grade", 모두 3.0 이상면 "B grade", 아니면 "F grade"를 출력하는 프로그램을 작성하시오.

ⓘ 입력예 1	4.2 3.5	ⓘ 입력예 2	4.0 2.9
ⓞ 출력예 1	B grade	ⓞ 출력예 2	F grade

Q4-6 세 개의 정수 중 가장 큰 수를 출력하는 프로그램을 작성하시오.

ⓘ 입력예	40 10 50
ⓞ 출력예	MAX: 50

소스

```
a, b, c = input().split()
a, b, c = int(a), int(b), int(c)

 if a > b:
      if a > c:
          mx = a
      else:
          mx = c
else:
      if b > c:
           mx = b
      else:
           mx = c

print("MAX:", mx)
```

설명

조건문 내에 다시 조건문이 포함되는 경우를 다중 조건문이라 한다.
a>b 조건이 참이면 블록 안에서 다시 a>c 조건이 참인지 확인하여 참이면 첫 번째 블록을 실행하여 mx에 a값을 대입하고 그렇지 않으면 else의 블록을 실행하여 mx에 c값을 대입한다.

- ```
  else:
      if b > c:
          mx = b
      else:
          mx = c
  ```
  ```

a>b 조건이 참이 아니면 큰 else 블록 안에서 다시 조건문을 확인한다.

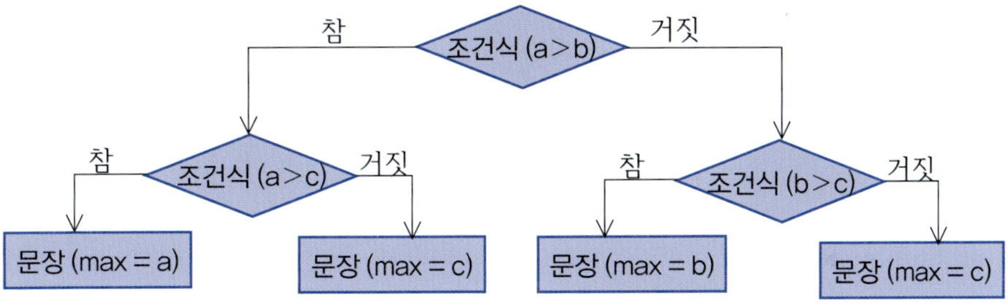

자가진단 6

성별과 나이를 입력받아 "MAN"(성인남자), "WOMAN"(성인여자), "BOY"(미성년남자), "GIRL"(미성년여자)을 구분하여 출력하는 프로그램을 작성하시오. (성별이 'M'이면 남자, 'F'이면 여자를 의미하고, 나이가 19세 이상이면 성인이라고 하자.)

ⓘ 입력예 M 14

ⓞ 출력예 BOY

Q4-7 두 개의 정수를 입력받아 삼항 연산자를 이용하여 두 수 중 큰 수를 출력하는 프로그램을 작성하시오.

ⓘ 입력예	50 35
ⓞ 출력예	50

소스

```
a = int(input())
b = int(input())

large = a if a > b else b

print(large)
```

설명

- `large = a if a > b else b`

if와 else 사이의 조건이 참이면 a의 값을 리턴하고 거짓이면 b의 값을 리턴한다. 위의 식은 a와 b중 큰 수를 리턴하여 large에 대입된다.

```
값1 if 조건식 else 값2
```

위와 같은 형식의 연산자를 피연산자가 3개이기 때문에 삼항 연산자라고 한다. 조건식이 참이면 값1, 거짓이면 값2를 리턴하게 된다. 위의 예제를 기존의 if 문으로 나타내면 아래와 같은 식이 된다.

```
if a > b:
        large = a
else:
        large = b
```

삼항 연산자는 소스를 짧고 간결하게 해주는 장점 때문에 사용은 하지만 위에서 보는 것처럼 if문으로 더욱 알기 쉽게 표현할 수 있기 때문에 많이 사용하지는 않는다.

자가진단 7

삼항 연산자를 이용하여 세 개의 정수 중 최솟값을 출력하는 프로그램을 작성하시오.

ⓘ 입력예 -10 35 28

ⓞ 출력예 -10

hint:
두 수중 먼저 작은 값을 구한 후 나머지 수와 비교하여 구하면 된다.

예) small = a if a < b else b
small = small if small < c else c

또는 아래 예와 같이 삼항연산자를 중첩하여 한 번에 구하는 방법도 있지만 식이 너무 복잡해지므로 참고는 하되 프로그램을 작성할 때에는 가능한 쉬운 방법으로 작성할 것을 권장한다.

예) small = a if a < b and a < c else b if b < c else c

형성평가 문제

1 두 개의 정수를 입력받아 큰 수에서 작은 수를 뺀 차를 출력하는 프로그램을 작성하시오.

ⓘ 입력예	15 35
ⓞ 출력예	20

2 정수 N이 0이면 "ZERO", 양수이면 "PLUS", 음수이면 "MINUS"라고 출력하는 프로그램을 작성하시오.

ⓘ 입력예	-1
ⓞ 출력예	MINUS

3 연도를 입력받아 윤년(leap year)인지 평년(common year)인지 판단하는 프로그램을 작성하시오.

ⓘ 입력예	2024
ⓞ 출력예	leap year

hint:
- 400으로 나누어 떨어지면 윤년이다.
- 4로 나누어 떨어지고, 100으로 나누어 떨어지지 않으면 윤년이다.
- 나머지는 모두 평년이다.

※ %연산자를 이용하세요.

4 정수 하나를 입력받아 1이면 "KOREA", 2이면 "USA", 3이면 "CHINA"를 출력하는 프로그램을 작성하시오. 해당 번호가 없으면 "NO"라고 출력한다.

ⓘ 입력예	1
ⓞ 출력예	KOREA

5 1에서 12 사이의 월을 입력받아 해당 월의 날수를 출력하는 프로그램을 작성하시오. (단, 2월달은 28일로 한다.)

ⓘ 입력예	2
ⓞ 출력예	28

6 정수 X, Y를 입력받고, 연산자 O를 입력받아 두 정수의 연산 결과를 다음과 같이 출력하는 프로그램을 작성하시오.

ⓘ 입력예	9 3 %
ⓞ 출력예	ans = 0

7 삼항연산자를 이용하여 정수 A, B, C 중 최댓값과 최솟값을 찾아서 그 두 수의 차를 출력하는 프로그램을 작성하시오.

ⓘ 입력예	2 4 8
ⓞ 출력예	6

05 CHAPTER

주석문과 디버깅

Q5-1 아래 소스1, 소스2의 코드를 순서대로 작성하여 실행해 보시오.

ⓘ 입력예	Bob 13
ⓞ 출력예	name: Bob , age: 23

소스 1

```
# 이름과 나이를 입력받아 10년후의 정보를 출력하는 프로그램.
# 입력을 한 줄에 받고, 나이를 정수로 바꿔주고 10을 더해 출력한다.

a, b = input().split()  # a에는 이름을 입력받고, b에는 나이를 입력받는다.
b = int(b)  # b를 정수로 변환해준다.
b += 10  # 10년후의 정보이기에 나이에 10을 더해준다.
print("name:", a, ", age:", b)  # "name: 이름 , age: 나이"의 형식으로 출력한다.
```

설명 1

– 주석문(Comment)

주석이란 소스코드에서 컴퓨터에게 명령하기 위한 문장이 아닌, 사람과 사람끼리의 소통을 위하여 쓴 문장을 밀한다. 주석문으로 표시된 문장은 편집기 내에서 색상이 바뀌게 되며, 실행될 때 프로그램에 아무런 영향을 끼치지 않게 된다. 주석문을 만드는 방법은 크게 두 가지가 있는데, 하나는 특수문자 #을 이용하는 것이고, 다른 하나는 여러 줄을 문자열로 만드는 것이다.

- `a, b = input().split()  # a에는 이름을 입력받고, b에는 나이를 입력받는다.`

파이썬에서 주석을 만드는 가장 쉬운 방법은, #을 붙여주는 것이다. #은 한 문장에서 #이 나온 시점부터 그 문장의 끝까지를 전부 주석으로 만들어준다. 위 예시에서 # 뒤쪽에 나오는 우리말은 색상이 바뀌게 되며, 실행되는 프로그램에는 아무 영향을 미치지 않는다. 이 때 주석문은 단지 작성자나 다른 사람이 해당 문장을 읽어봤을 때 코드를 이해하는데 도움이 되는 설명일 뿐이다.
위 코드와 같이 변수의 이름이 모호한 경우 주석을 사용해주면 코드의 이해를 도울 수 있다.

소스 2

```
"""
이름과 나이를 입력받아 10년후의 정보를 출력하는 프로그램.
입력을 한 줄에 받고, 나이를 정수로 바꿔주고 10을 더해 출력한다.
"""
a, b = input().split()  # a에는 이름을 입력받고, b에는 나이를 입력받는다.
b = int(b)  # b를 정수로 변환해준다.
b += 10  # 10년후의 정보이기에 나이에 10을 더해준다.
print("name:", a, ", age:", b)  # "name: 이름 , age: 나이"의 형식으로 출력한다.
```

설명 2

– 3연따옴표

Python에는 작은따옴표(')나 큰따옴표(")와 마찬가지로 문자열의 범위를 표시해주는 표현이 두 가지가 더 있으며, 3연 작은따옴표(''')와 3연 큰따옴표(""")가 그것이다. 3연 작은따옴표와, 3연 큰따옴표는 일반 따옴표와는 다르게, 엔터를 포함한 여러 줄을 문자열로 만드는 경우 사용할 수 있다는 장점이 있다.

따라서 3연따옴표로 묶인 위의 설명은 전체가 그냥 하나의 문자열이 된다. 이 문자열을 따로 대입해주거나, 출력해주는 등의 처리하는 문장이 없으므로, 위 문자열은 결과적으로 코드로써는 아무 의미가 없어 주석문과 동일한 역할이 된다. 이와 같이 많은 문장을 주석으로 처리하는 경우, 3연따옴표를 이용하여 처리해주는 것이 좋다.

(심화)
많은 Python 기본교재에서 3연따옴표를 #와 더불어서 주석문을 만드는 두 번째 방법으로 설명하고 있으나, 이는 엄밀히 말하면 잘못된 설명이다. 3연따옴표를 그냥 주석을 만드는 방법으로 생각한다면, 주석은 코드가 아니기 때문에 아래와 같이 썼을 때 문제가 없어야 한다. 그러나 3연따옴표로 묶인 부분은 엄밀하게 코드의 일부이고, 아래의 문자열은 들여쓰기 규칙에 맞지 않으므로 에러가 발생하게 된다.

<table>
<tr><th>에러가 나는 코드</th><th>에러가 안나는 코드</th></tr>
<tr><td><pre>print('안녕하세요!')
    '''
    안녕하세요!를 출력합니다.
    '''</pre></td><td><pre>print('안녕하세요!')
    # 안녕하세요!를 출력합니다.</pre></td></tr>
</table>

실제로 아래 코드와 같이 변수에 여러 줄의 문자열을 대입시키는데 사용할 수도 있다.

```
A = '''abc
efg
hij'''
print(A)
```

자가
진단
1

키(cm)와 몸무게(kg)를 입력받아 출력 예와 같이 정보를 출력하는 프로그램을 작성하시오. 단, 주석문을 한 줄 이상 작성한다.
이 때, 한 줄 주석문과 3연따옴표 주석문을 최소 한 번씩 사용하여 코드에 대한 설명을 추가한다.

ⓘ 입력예 180 70

ⓞ 출력예 180 cm, 70 kg

Q5-2

두 명의 이름과 나이를 입력받아 더 나이가 많은 사람의 이름을 출력하는 프로그램을 작성하시오. 아래 소스코드는 논리적 오류가 있는 코드이다. 해당 소스코드를 똑같이 따라 친 후 문제점을 디버깅하여 수정하시오.

ⓘ 입력예	Kim 9 Lee 13
ⓞ 출력예	Lee

소스

```python
name1, age1 = input().split()
name2, age2 = input().split()
if age1 > age2:
    print(name1)
else:
    print(name2)
```

설명

- 위의 코드는 문제없이 실행된다. 그러나 위의 예시처럼 입력하면 Kim이 출력되는데, Lee가 더 나이가 많으므로 이는 명백히 오류가 있다고 볼 수 있다.

- 실행 단계에서 문법에 맞지 않는 표현을 쓴 경우, 문법적 에러(Syntax Error)가 발생하게 되며, 이런 코드를 친 경우는 실행이 아예 되지 않기 때문에 간단하게 해결할 수 있다. 문법적 에러의 원인은 여러 가지가 있으며 몇 가지 예시는 아래와 같다.

예)

```
name1, age1 = input.split()  # input 뒤에 괄호를 빼먹은 경우
name1, age1 = input().splt()  # 오타를 타이핑한 경우

if age1 > age2:
print(name1)  # 들여쓰기를 해야 하는 곳에 들여쓰기를 하지 않은 경우
```

- 이와 달리 실행은 잘 되지만, 올바르지 못한 답을 출력하는 등 프로그램이 작성자가 예상하지 못한 행동을 한 경우를 논리적 에러(Logical Error)라고 하며, 이 때의 잘못된 행동을 버그(Bug)라고 한다. 버그(벌레)라는 말은, 과거에 컴퓨터 기계에서 나방의 몸체가 발견되었는데, 이를 제거한 후에 프로그램이 정상적으로 작동했던 사건에서 유래되었다. 버그를 제거하는 작업을 디버깅(Debugging)이라고 하며, 프로그래머라면 필수적으로 능숙하게 해내야 할 작업이다.

※ 많은 프로그래머들이 코드를 쓰는 법만 배우고, 디버깅을 통해 고치는 법을 익히지 않아서 실력이 정체되게 된다. 아무리 수준급의 프로그래머라도 처음 작성한 코드가 버그 없이 실행되는 경우는 거의 없다고 봐야 되며, 이들도 여러 번의 디버깅 작업을 거쳐서 완전한 코드를 완성시킨다. 지금 배우게 되는 과정은 그 어떤 순간보다도 집중하여, 특히 디버깅이라는 작업의 목적성에 집중하여 공부해야 한다. 디버깅의 중요성은 반복적으로 언급해도 지나치지 않으므로 다시 한번 강조한다: 디버깅을 할 줄 모르는 상태로 코드를 짜는 것은, 사실상 코딩을 하지 않겠다고 선언하는 것과 같다. 이번 시간에 배운 디버깅 방식을 앞으로 버그가 발생하는 상황마다 적용하여, 유연하게 고쳐보도록 하자.

따라하기

프로그램을 작성할 때 대부분 통합개발환경(IDE)를 사용하게 된다. 파이썬 역시 파이참, 이클립스, 스파이더, 비주얼스튜디오코드와 같은 다양한 IDE를 사용할 수 있다.
디버깅은 사용하는 프로그램에 따라 단축키 등 약간씩 차이는 있지만 기본적인 사용방법은 대부분 비슷하다. 여기에서는 최근 많이 사용되고 있는 비주얼스튜디오코드를 기준으로 설명을 하였다.

❶ 디버깅을 시작하려는 위치의 왼쪽(1)을 클릭하면 빨간점이 생긴다. 이 점을 "Break Point(중단점)"라고 한다. 그 후 실행 버튼 우측에 체크 표시(2)를 눌렀을 때 나오는 Python 디버거(3)를 누르면 "Break Point"전까지 프로그램이 실행되고 "Break Point"에서 커서가 멈춘다.

❷ 노랗게 표시된 부분이 다음에 실행할 위치가 된다. 왼쪽 창에서는 각 변수에 들어있는 값을 확인할 수 있다. 현재 시점에는 아무 변수도 생성되지 않았으므로, 변수란에 아무 변수도 뜨지 않는다.

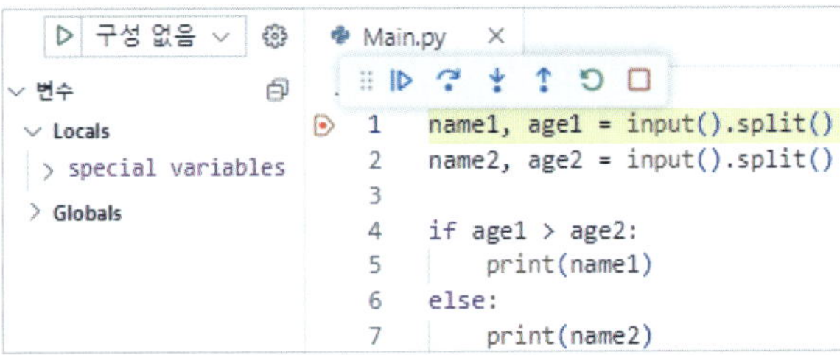

❸ F11 또는 [↓]를 클릭하면 노란 표시가 사라지며 일반적으로 실행했을 때와 마찬가지로 터미널에서 입력을 할 수 있게 된다. 값을 입력하면 커서가 다음 칸으로 이동하며, 좌측의 변수란에서 변수 age1에 들어있는 값이 '9'임을 확인할 수 있다.

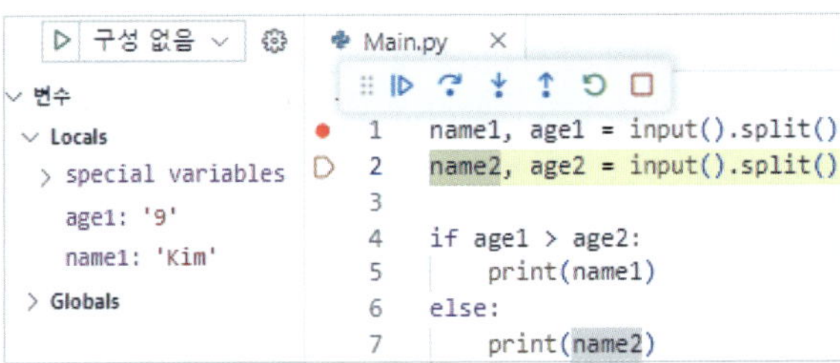

❹ 위의 과정을 다시 한 번 실행한 후, age2에 13을 입력받으면 변수에 들어있는 값이 '13'임을 확인할 수 있다.

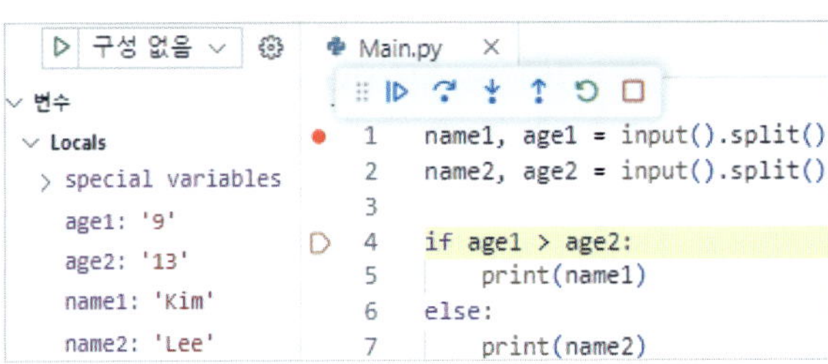

❺ 현재 노랗게 표시된 문장을 F11을 통해 실행하기에 앞서, 이 문장이 실질적으로 age1이 age2보다 더 큰지에 대한 여부를 구하는 문장임을 머릿속으로 생각해

놓는다. 즉, 이 부분에서 원래는 9>13은 거짓이기에 해당 if문 블록으로 들어가지 않고 else로 가야 원하는 대로 작동하는 것인데, 이를 미리 머릿속으로 생각해 놓고 있어야 한다.
이제 F11을 눌러 한 줄을 실행하고 난 후 커서가 어디로 이동을 했는지 확인하자. 아래 그림과 같이 else가 아닌 if문의 블록으로 들어감을 볼 수 있다.

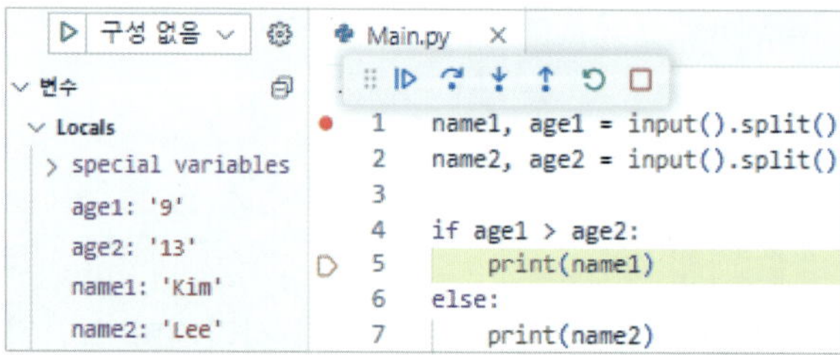

❻ 이로써 우리는 조건 age1>age2가 True가 되었음을 알 수 있다. 이렇게 한 줄 씩 진행하며 예상되는 행동과 다른 행동을 하는 문장을 찾으면, 적어도 어느 문장이 버그를 일으키는지 알 수 있다. 이제 무엇이 문제인지 한 번 살펴보도록 하자. 좌측 변수창 밑에 조사식 창에 마우스를 갖다 대면 + 버튼이 생기게 된다. 이를 누르면, 그림과 같이 조사하고자 하는 식을 추가할 수 있다. 참고로 조사식에는 식 뿐만 아니라 단일 변수 역시 들어갈 수 있는데, 변수창에 너무 많은 변수가 존재하는 경우에는 내가 보고 싶은 변수만 보기 위해서 조사식에 변수를 쓰는 경우도 많다.

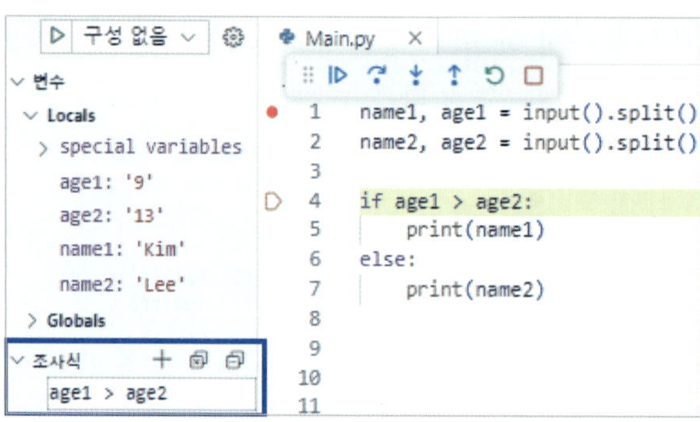

다음과 같이 해당 식의 연산결과가 True임을 알 수 있다.

```
∨ 조사식
    age1 > age2: True
```

❼ 조금만 생각해보면 문제의 원인을 알 수 있다. 우리가 정수라고 착각했던 age1이나 age2는 사실 정수형 변수인 줄 알았지만 정수형으로 형변환되지 않은 문자열 변수였고, 문자열의 경우 '9'와 '13'을 비교하면 가장 앞의 자리인 '9'와 '1'을 먼저 비교하여 같으면 다음 자리로 넘어가고 다르면 바로 비교가 끝나기 때문에 age1이 더 크다고 판단이 된 것이다.

```
∨ 조사식
    age1 > age2: True
    9 > 13: False
    '9' > '13': True
```

이에 따라 문제의 원인이 age1과 age2를 정수형 변수로 변환하지 않은 점이라는 사실까지 알았다. 이 시점에서 디버깅 작업을 더 진행할 필요가 없으므로, 디버깅을 중지한 후 코드를 수정하면 된다.

F5를 누르면 다음 "Break Point" 전까지 실행을 한 후 "Break Point" 위치에서 멈추게 되는데 만약 다른 "Break Point"가 없다면 끝까지 실행하고 프로그램을 종료한다.

shift+F5 또는 (디버그-디버깅중지) 또는 □를 클릭하여 디버깅을 중지하는 방법도 있다.

자가 진단 2

100점 만점의 점수를 입력받아 90점 이상이면 Perfect, 80점 이상이면 Great, 그 외의 경우라면 Effort를 출력하는 프로그램을 아래와 같이 작성하여 디버깅 작업을 통해 수정하여 채점해 보도록 하라.

```
score = int(input())
if score >= 90:
    print("Perfect")
if score >= 80:
    print("Great")
else:
    print("Effort")
```

ⓘ 입력예 1	94	ⓘ 입력예 2	88
ⓞ 출력예 1	Perfect	ⓞ 출력예 2	Great

형성평가 문제

1 아래의 프로그램을 작성하여 디버깅을 해 보면서 커서(Visual Studio Code의 디버깅 과정에서 노란색으로 표시된 줄)가 ① 위치에 있을 때 a의 값이 얼마인지 출력하시오.

```
a = 5
a += 10
a = a - 1  # --------------- ①

print(1)   # 여기에서 출력될 1을 ①위치에서의 a 값으로 바꾸어 준다.
```

2 두 정수를 입력받아 두 정수의 차이값을 출력하려고 한다. 원하는 결과를 얻기 위하여 디버깅을 진행하여 수정 후 결과를 출력하시오.

```
a, b = input().split()
a, b = int(a), int(b)
c = a - b
print(c)          # 3 5가 입력되었을 때 출력은 2가 나와야 한다.
```

3 두 수를 입력받아 합과 곱의 결과를 출력하려고 한다. 원하는 결과를 얻기 위해서 디버깅을 진행하여 수정 후 결과를 출력하시오.

```
a = input()
b = input()
print(a + b)
print(a * b)
```

4 다음의 프로그램을 작성하고 디버깅하면서 커서가 각각 ①, ②, ③ 위치에 있을 때의 a의 값을 각각 출력하시오.

```
importtime
now = time.localtime()
a = 0
a = now.tm_year-1900   # ----------------------- ①
a += now.tm_mon-1      # ----------------------- ②
a += now.tm_mday
print(1, 2, 3)      # ----------------------- ③

#위 문장에서 출력될 값들을 각각 ① ② ③위치에서의 a의 값으로 바꾸어 준다.
```

06 CHAPTER 반복제어문1

Q6-1 1부터 100까지의 수를 모두 출력하는 프로그램을 작성하시오.

◎ 출력예　　1 2 3 ... 98 99 100

소스

```
i = 1
while i <= 100:
    print(i, end=" ")
    i += 1
```

설명

- while문은 if문과 같이 조건을 확인하여 조건이 참(True)인 경우 실행되는데, if문의 경우 단 한 번의 실행을 하고 끝나지만, while문은 한 번의 실행 후 조건을 다시 확인하여 조건이 참이면 계속 반복하여 실행한다.

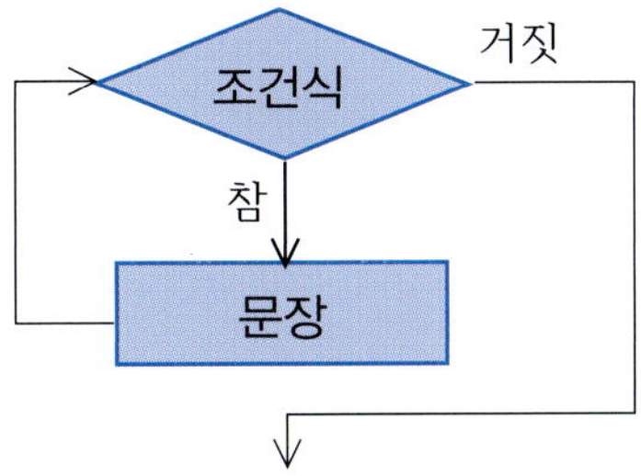

• `i = 1`

변수 i에 초기값으로 1을 대입한다.

• `while i <= 100:`

조건 i <= 100이 참인 동안 블록내의 코드를 반복하여 실행한다.
위 코드는 i가 100 이하인 경우 실행된다.

• `print(i, end=" ")`

변수 i에 저장된 값을 출력하는데, 값을 출력하고 원래 자동으로 함께 출력되던 줄바꿈문자 대신 공백을 이어 출력한다.
print문에 end = " " 가 있으면 줄바꿈을 하지 않고 대신 " " 안에 있는 문자가 출력된다. 해당 코드는 공백이 들어가 있지만, 이를 end = ","로 바꾸면 ,(콤마)가 출력되는 등 다양한 방식으로 바꾸는 것이 가능하다.

• `i += 1`

변수 i에 저장된 값을 1 증가시킨다. 만약 i += 2라면 2씩 증가되고, i += 3이라면 3씩 증가될 것이다.

자가진단 1-1

1에서 정수 5000까지의 정수를 모두 출력하는 프로그램을 작성하시오.

◎ 출력예　　1 2 ... 4999 5000

자가진단 1-2

3에서 300까지의 정수를 모두 출력하는 프로그램을 작성하시오.

◎ 출력예

3
4
⋮
299
300

자가진단 1-3

5에서 2000까지 5씩 증가시키며 나오는 정수를 모두 출력하는 프로그램을 작성하시오.

◎ 출력예

5 10 ... 1995 2000

자가진단 1-4

2부터 50까지의 짝수를 모두 출력하는 프로그램을 작성하시오.

◎ 출력예

2
4
⋮
48
50

Q6-2 정수 N을 입력받아 1부터 정수 N까지의 수를 모두 출력하는 프로그램을 작성하시오.

ⓘ 입력예	10
ⓞ 출력예	1 2 3 4 5 6 7 8 9 10

소스

```
N = int(input())
i = 1
while i <= N:
    print(i, end = " ")
    i += 1
```

설명

• `N = int(input())`

출력할 마지막 숫자에 해당하는 정수 N을 입력받는다.

• `while i <= N:`

조건 i <= N이 참인 동안 블록내의 코드를 반복하여 실행한다.
위 코드는 i가 N 이하인 경우 실행된다.

자가진단 2-1

정수 N을 입력받아 5에서 정수 N까지의 수를 모두 출력하는 프로그램을 작성하시오.

ⓘ 입력예

```
7
```

ⓞ 출력예

```
5
6
7
```

자가 진단 2-2

정수 N을 입력받아 5에서 정수 N까지의 수를 2씩 증가시키며 모두 출력하는 프로그램을 작성하시오.

ⓘ 입력예 11

ⓞ 출력예

5
7
9
11

자가 진단 2-3

정수 N을 입력받아 2에서 정수 N까지의 수 중 짝수를 모두 출력하는 프로그램을 작성하시오.

ⓘ 입력예 10

ⓞ 출력예 2 4 6 8 10

자가 진단 2-4

정수 N을 입력받아 −10에서 정수 N까지의 수를 모두 출력하는 프로그램을 작성하시오.

ⓘ 입력예 5

ⓞ 출력예 -10 -9 ... 4 5

자가 진단 2-5

정수 N을 입력받아 10에서 정수 N까지의 수 중 일의 자리가 0인 수를 모두 출력하는 프로그램을 작성하시오.

ⓘ 입력예

```
40
```

ⓞ 출력예

```
10
20
30
40
```

Q6-3 정수 N을 입력받아 정수 N부터 1까지의 모든 정수를 출력하는 프로그램을 작성하시오.

ⓘ 입력예	5
ⓞ 출력예	5 4 3 2 1

소스

```python
N = int(input())
i = N
while i >= 1:
    print(i, end=" ")
    i -= 1
```

설명

- `while i >= 1:`

조건 i >= 1이 참인 동안 블록내의 코드를 반복하여 실행한다.
위 코드는 i가 1 이상인 경우 실행된다.

- `i -= 1`

조건에서 i가 1 이상인 경우 실행을 한다고 했으니 증가를 시키게 되면 i >= 1인 조건을 만족시킬수 없으므로 프로그램이 종료되지 않는다. 이번에는 값을 1씩 감소시켜 i가 1 미만이 되는 방향으로 수정시켜 반복문을 종료시킨다.

자가 진단 3-1

정수 N을 입력받아 정수 N부터 5까지의 모든 정수를 출력하는 프로그램을 작성하시오.

ⓘ 입력예

```
7
```

ⓞ 출력예

```
7
6
5
```

자가 진단 3-2

정수 N을 입력받아 정수 N부터 1까지 3씩 감소시키며 나오는 모든 정수를 출력하는 프로그램을 작성하시오.

ⓘ 입력예

```
7
```

ⓞ 출력예

```
7 4 1
```

Q6-4

정수 S, E를 입력받아 정수 S부터 정수 E까지의 모든 정수를 출력하는 프로그램을 작성하시오. (S ≤ E)

ⓘ 입력예 1 5

ⓞ 출력예 1 2 3 4 5

소스

```
S, E = input().split()
S = int(S)
E = int(E)
i = S
while i <= E:
    print(i, end=" ")
    i += 1
```

설명

- 변수 i를 S로 초기화시키고, i가 E보다 작거나 같은 동안 1씩 증가시키며 출력하면 S부터 E까지의 모든 정수를 출력할 수 있다.

자가진단 4-1

정수 S, E를 입력받아 정수 S부터 정수 E까지의 모든 홀수를 출력하는 프로그램을 작성하시오. (S와 E는 홀수이며, S는 E보다 작거나 같음이 보장된다.)

ⓘ 입력예 3 7

ⓞ 출력예

3
5
7

자가
진단
4-2

정수 S, E를 입력받아 정수 S부터 정수 E까지의 정수를 출력하는 프로그램을 작성하시오. (S는 E보다 크거나 같음이 보장된다.)

ⓘ 입력예

```
5
2
```

ⓞ 출력예

```
5 4 3 2
```

Q6-5 while문을 이용하여 정수 1부터 10까지의 합을 구해 출력하는 프로그램을 작성하시오.

◎ 출력예 55

소스

```
hap = 0
i = 1
while i <= 10:
    hap += i
    i += 1
print(hap)
```

설명

- ```
  hap = 0
  i = 1
  ```

합계를 저장할 변수 hap에 초기값 0을 대입한다.
합계에 더해질 변수 i에 초기값 1을 대입한다.

- ```
  while i <= 10:
      hap += i
      i += 1
  ```

i를 합계(hap)에 더한 후 i값이 1씩 증가한다.
위 작업을 반복하다가 조건을 벗어나면(i가 10보다 커지면) while문을 벗어난다.

while문 조건 확인시 i의 값	1	2	3	4	5	6	7	8	9	10	11
hap += i 실행후 hap의 값	1	3	6	10	15	21	28	36	45	55	while 탈출
i += 1 실행후 i의 값	2	3	4	5	6	7	8	9	10	11	

자가 진단 5

정수 N을 입력받아 while 문을 이용하여 1부터 정수 N까지의 합을 구하여 출력하는 프로그램을 작성하시오.

ⓘ 입력예 5

ⓞ 출력예 15

Q6-6 정수를 계속 입력받아 출력하다가 0이 입력되면 종료하는 프로그램을 작성하시오.

ⓘ 입력예

```
4
6
0
```

ⓞ 출력예

```
N = 4
N = 6
```

소스

```
while True:
N = int(input())
    if N == 0:
        break
    print("N =", N)
```

설명

• `while True:`

위와 같이 조건이 항상 True(참)인 반복문을 무한 반복문이라고 한다.
무한 반복문의 경우 블록 내에서 반복문을 끝낼 수 있는 명령이 없으면 프로그램이 종료되지 않고 계속 실행되게 된다.

• `if N == 0:`
`    break`

만약 입력받은 정수 N이 0인 경우 반복문을 끝내도록 한다. break는 반복문을 종료시키는 명령이다.

자가 진단 6-1

0에서 100 사이의 정수에 해당하는 점수를 입력받아 출력하다가 입력받은 점수가 범위를 벗어나는 경우 종료하는 프로그램을 작성하시오.

ⓘ 입력예

```
95
20
70
0
120
```

ⓞ 출력예

```
Score:  95
Score:  20
Score:  70
Score:  0
```

자가 진단 6-2

반복하여 실수 K를 입력받아 K가 0보다 큰 경우 'positive'를, 0보다 작은 경우 'negative'를 출력하다가 K가 0인 경우 종료하는 프로그램을 작성하시오.

ⓘ 입력예

```
0.3
-3.5
0
```

ⓞ 출력예

```
positive
negative
```

자가 진단 6-3

반복하여 1, 2, 3 중 하나의 수를 입력받아 1이 입력되면 "one"을 출력하고, 2가 입력되면 "two"를 출력하고, 3이 입력되면 "three"를 출력하다가 범위를 벗어나는 입력이 들어오면 종료하는 프로그램을 작성하시오.

ⓘ 입력예

```
3
1
1
4
```

ⓞ 출력예

```
three
one
one
```

Q6-7

1부터 500까지의 정수들 중 3의 배수를 제외한 모든 정수를 출력하는 프로그램을 작성하시오. 단, continue를 사용한다.

◎ 출력예	1 2 4 ... 497 499 500

소스

```
i = 1
while i <= 500:
    if i % 3 == 0:
        i += 1
        continue
    print(i, end=" ")
    i += 1
```

설명

- ```
  if i % 3 == 0:
      i += 1
      continue
  ```

만약 i의 값이 3의 배수인 경우 해당 회차의 반복문을 건너뛰고 다음 회차의 반복으로 넘어간다. 이 때, i += 1을 해주지 않으면 무한 반복문이 될 수 있으므로 주의한다.

continue는 해당 반복문의 조건을 확인하는 부분으로 돌아가는 명령이다.

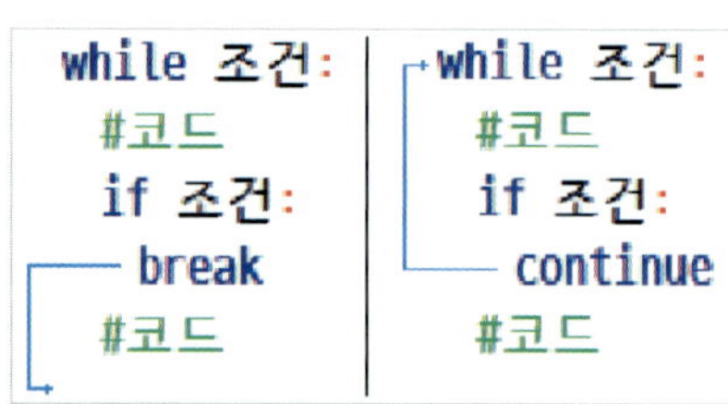
  ```

자가 진단 7-1

정수 N을 입력받아 1부터 4까지의 모든 정수들 중 정수 N을 제외한 수들을 출력하는 프로그램을 작성하시오. 단, continue를 사용한다.

ⓘ 입력예

```
2
```

ⓞ 출력예

```
1
3
4
```

자가 진단 7-2

0이 입력되기 전까지 정수를 계속 입력받다가 입력받은 모든 양수들의 합을 출력하는 프로그램을 작성하시오. 단, continue를 사용한다.

ⓘ 입력예

```
3
-10
6
0
```

ⓞ 출력예

```
9
```

자가 진단 7-3

정수를 입력받다가 0이 입력되면 입력을 종료하고 입력된 정수 중에 1 이상 100 이하의 정수의 갯수, 합계, 평균을 출력한다. 1이상 100이하 범위를 벗어나는 경우 continue를 이용하여 제외시킨다.

ⓘ 입력예

```
15
102
88
-1
97
0
```

ⓞ 출력예

```
count = 3
total = 200
avg = 66
```

형성평가 문제

1 1부터 3000까지의 정수 중 홀수를 모두 출력하는 프로그램을 작성하시오. 단, if문을 사용하지 않는다.

ⓞ 출력예	1 3 5 ...(중략)... 2995 2997 2999

2 정수 N을 입력받아 1에서 정수 N까지의 수 중 짝수를 모두 출력하는 프로그램을 작성하시오. 단, if문을 사용하지 않는다.

ⓘ 입력예	10
ⓞ 출력예	2 4 6 8 10

3 정수 N부터 10 까지의 모든 10의 배수들을 출력하는 프로그램을 작성하시오. N은 10의 배수임이 보장되며, if문을 사용하지 않는다.

ⓘ 입력예	40
ⓞ 출력예	40 30 20 10

4 두 정수를 입력받아 입력받은 두 정수 사이의 모든 수들의 제곱수를 출력하는 프로그램을 작성하시오. 첫 번째 수가 두 번째 수보다 큼이 보장된다.

ⓘ 입력예	4 1
ⓞ 출력예	1 4 9 16

5 두 정수를 입력받아 입력받은 두 정수 사이의 모든 짝수들의 합을 출력하는 프로그램을 작성하시오. 첫 번째 수가 두 번째 수보다 작거나 같음이 보장된다.

ⓘ 입력예	1 10
ⓞ 출력예	30

6 0이 입력되기 전까지 정수들을 계속 입력받아 그 개수와 합을 출력하시오.

ⓘ 입력예	10 20 0
ⓞ 출력예	cnt = 2 sum = 30

7 정수들을 입력받다가 1에서 5 사이의 범위를 벗어나는 입력이 들어오면 그 전까지 입력받은 정수 중 짝수들의 평균을 출력하는 프로그램을 작성하시오.

ⓘ 입력예	2 5 4 6
ⓞ 출력예	3

07
CHAPTER

반복제어문2

Q7-1

정수 N을 입력받아 Python이라는 단어와 함께 0부터 N-1까지의 정수를 한 줄에 하나씩 출력하는 프로그램을 작성하시오.

ⓘ 입력예

```
3
```

ⓞ 출력예

```
Python 0
Python 1
Python 2
```

소스

```python
N = int(input())
for i in range(N):
    print("Python", i)
```

설명

- `for i in range(N):`

range(N)은 0부터 N전까지 1씩 증가하는 숫자열을 반환한다.
해당 코드의 for문은 i에 0부터 N-1까지의 정수를 한 번씩 대입시키며 총 N번 반복하여 반복문 블록 안에 있는 코드를 실행시킨다.

자가진단 1-1

문자를 하나 입력받아 입력받은 문자를 20번 반복하여 출력하는 프로그램을 작성하시오.

ⓘ 입력예 O

ⓞ 출력예 OOOOOOOOOOOOOOOOOOOO

자가진단 1-2

정수 N을 입력받아 다음 문장을 N번 출력하는 프로그램을 작성하시오.

ⓘ 입력예 5

ⓞ 출력예

```
I like Python!
I like Python!
I like Python!
I like Python!
I like Python!
```

자가진단 1-3

정수 N을 입력받아 1부터 N까지 출력하는 프로그램을 작성하시오.

ⓘ 입력예 5

ⓞ 출력예 1 2 3 4 5

Q7-2 3부터 99까지의 정수를 모두 출력하는 프로그램을 작성하시오.

ⓞ 출력예　　3 4 ... 98 99

소스

```
for i in range(3, 100):
    print(i, end=" ")
```

설명

• `for i in range(3, 100):`

range(start, stop)은 start부터 stop 전까지 1씩 증가하는 숫자열을 반환한다. 이 숫자열은 stop에 도달하면 실행하지 않고 끝내게 되므로 stop에 해당하는 원소는 포함하지 않으며, start가 0인 경우에는 range(stop)과 같이 start의 생략이 가능하다. (예제 1)

range(3, 100)은 3부터 99까지의 정수를 하나씩 반복하며 만들어준다.

자가진단 2

두 정수 S와 E를 입력받아 S에서 E까지 3칸의 공백을 두고 출력하는 프로그램을 작성하시오. (S≤E≤10 조건의 정수만 입력된다.)

ⓘ 입력예　　2 7

ⓞ 출력예　　2　3　4　5　6　7

Q7-3 5부터 55까지 2씩 증가하며 나오는 모든 정수를 출력하는 프로그램을 작성하시오.

ⓞ 출력예 5 7 ... 53 55

소스

```
for i in range(5, 56, 2):
    print(i, end=" ")
```

설명

• `for i in range(5, 56, 2):`

range(start, stop, step) 형식으로 사용하게 되면 start부터 stop전까지 step만큼씩 값이 증가한다. 위 문장의 경우 i의 값은 5부터 시작하여 7, 9, 11… 과 같이 2씩 증가하다가 55까지 실행된 후 종료된다.

자가진단 3-1

두 정수 S와 E를 입력받아 S에서 E까지의 정수 중 짝수만 출력하는 프로그램을 작성하시오. (S<E, S는 짝수)

ⓘ 입력예 2 20

ⓞ 출력예 2 4 6 8 10 12 14 16 18 20

자가 진단 3-2

세 정수 S, E, K를 입력받아 S에서 E까지 K씩 증가시키며 나오는 모든 정수를 출력하는 프로그램을 작성하시오. (S<E)

ⓘ 입력예

```
1
10
3
```

ⓞ 출력예

```
1
4
7
10
```

Q7-4 99부터 3까지 2씩 감소하며 나오는 모든 정수를 출력하는 프로그램을 작성하시오.

ⓞ 출력예	99 97 ... 5 3

소스

```
for i in range(99, 2, -2):
    print(i, end=" ")
```

설명

- `for i in range(99, 2, -2):`

range(start, stop, step)에 세 번째 들어가는 step이 음수인 경우에는 i의 값이 음수만큼씩 증가하는 것이므로 결과적으로 감소하게 되고, stop 전까지 실행이 된 후 종료하게 된다.

자가진단 4-1

두 정수 S와 E를 입력받아 S에서 E까지의 정수 중 홀수만 출력하는 프로그램을 작성하시오. (S > E)

ⓘ 입력예

```
20 15
```

ⓞ 출력예

```
19
17
15
```

자가 진단 4-2

첫 번째 줄에 정수 S와 E를, 두 번째 줄에 정수 K를 각각 입력받아 S에서 E까지 K씩 감소시키며 나오는 모든 정수를 출력하는 프로그램을 작성하시오. (S > E)

ⓘ 입력예

```
50 15
10
```

ⓞ 출력예

```
50 40 30 20
```

Q7-5 정수 N을 입력받아 1부터 입력받은 정수 N까지의 합을 구하는 프로그램을 작성하시오.

ⓘ 입력예　10

ⓞ 출력예　55

소스

```
N = int(input())
hap = 0
for i in range(1, N+1):
    hap += i
print(hap)
```

설명

• `hap = 0`

합계를 저장할 변수 hap을 선언하고 초기값으로 0을 저장한다. 처음에는 아무것도 더하지 않은 상태이므로 반드시 0으로 초기화해야 한다.

•
```
for i in range(1, N+1):
    hap += i
```

i값을 1부터 N까지 1씩 증가시키면서 그 값을 hap에 누적하여 더한다.

자가진단 5-1

정수 N을 입력받아 10부터 입력받은 정수 N까지의 합을 출력하는 프로그램을 작성하시오. (N ≥ 10)

ⓘ 입력예　12

ⓞ 출력예　33

자가 진단 5-2

정수 N을 입력받아 1부터 입력받은 정수 N까지의 수 중 3의 배수의 개수를 출력하는 프로그램을 작성하시오.

ⓘ 입력예 12

ⓞ 출력예 4

Q7-6

정수 N을 입력받은 후, 다음 줄부터 N개의 정수를 입력받아 홀수의 합계와 짝수의 개수를 출력하는 프로그램을 작성하시오.

ⓘ 입력예

```
5
3
5
9
2
8
```

ⓞ 출력예

```
17 2
```

소스

```
N = int(input())
oddsum = 0
evencnt = 0
for i in range(N):
    num = int(input())
    if num % 2 == 1:
        oddsum += num
    else:
        evencnt += 1
print(oddsum, evencnt)
```

설명

• `for i in range(N):`

블록 내의 명령을 N번 반복해서 실행하게 된다.

여기에서 i에는 0부터 N-1까지 대입이 되어 값이 정해지지만 i의 값은 아무 의미나 역할이 없다.

따라서 `for _ in range(N):` 이렇게 변수명이 없어도 N번 반복해서 실행하는 데에는 아무런 문제가 없다.

자가 진단 6-1

정수 N을 입력받고, 다음 줄부터 N개의 정수를 입력받아 2의 배수의 개수와 3의 배수의 개수를 각각 출력하는 프로그램을 작성하시오.

ⓘ 입력예

```
5
5
12
7
4
6
```

ⓞ 출력예

```
2의 배수: 3
3의 배수: 2
```

자가 진단 6-2

정수 N을 입력받고, 다음 줄부터 N개의 정수를 입력받아 합과 평균을 출력하는 프로그램을 작성하시오.
(평균은 소수점 아래 1자리까지 출력한다. print(f'avg: {avg:.1f}')

ⓘ 입력예

```
5
5
12
7
4
6
```

ⓞ 출력예

```
sum: 34
avg: 6.8
```

Q7-7 출력 예와 같이 3 x 3 크기의 행렬을 두 번 출력하는 프로그램을 작성하시오.

◎ 출력예

```
1 1 1
2 2 2
3 3 3

1 2 3
1 2 3
1 2 3
```

소스

```
for i in range(1, 4):
    for j in range(1, 4):
        print(i, end=" ")
    print()
print()
for i in range(1, 4):
    for j in range(1, 4):
        print(j, end=" ")
    print()
print()
```

설명

- 반복문 내에 또 다른 반복문이 들어있는 것을 다중반복문이라 한다.

•
```
for i in range(1, 4):
    for j in range(1, 4):
        print(i, end=" ")
    print()
print()
```

i가 1일 때, 내부에 있는 반복문이 j를 1에서 3까지 세 번 반복하여 진행된다. 이 과정에서 i를 출력하여 1 1 1과 같이 첫 번째 줄이 출력된다.
i가 2일 때, 내부에 있는 반복문이 j를 1에서 3까지 세 번 반복하여 진행된다.

이 과정에서 i를 출력하여 2 2 2과 같이 두 번째 줄이 출력된다.
i가 3일 때, 내부에 있는 반복문이 j를 1에서 3까지 세 번 반복하여 진행된다.
이 과정에서 i를 출력하여 3 3 3과 같이 세 번째 줄이 출력된다.
이는 배열의 각 행의 번호를 출력하는 모습을 보여준다.

-
```
for i in range(1, 4):
    for j in range(1, 4):
        print(j, end=" ")
    print()
print()
```

i가 1일 때, 내부에 있는 반복문이 j를 1에서 3까지 세 번 반복하여 진행된다.
이 과정에서 j를 출력하여 1 2 3과 같이 첫 번째 줄이 출력된다.
i가 2일 때, 내부에 있는 반복문이 j를 1에서 3까지 세 번 반복하여 진행된다.
이 과정에서 j를 출력하여 1 2 3과 같이 두 번째 줄이 출력된다.
i가 3일 때, 내부에 있는 반복문이 j를 1에서 3까지 세 번 반복하여 진행된다.
이 과정에서 j를 출력하여 1 2 3과 같이 세 번째 줄이 출력된다.
이는 배열의 각 열의 번호를 출력하는 모습을 보여준다.

자가진단 7-1

정수 N을 입력받아 아래와 같이 N x N 크기 행렬을 출력하는 프로그램을 작성하시오. (각 행의 원소들은 각 행 번호의 두 배인 정수이다.)

ⓘ 입력예

```
4
```

ⓞ 출력예

```
2 2 2 2
4 4 4 4
6 6 6 6
8 8 8 8
```

자가 진단 7-2

정수 N을 입력받아 아래와 같이 N x N 크기 행렬을 출력하는 프로그램을 작성하시오. (각 열의 원소들은 열 번호에서 2를 뺀 정수이다.)

ⓘ 입력예

```
3
```

ⓞ 출력예

```
-1 0 1
-1 0 1
-1 0 1
```

자가 진단 7-3

정수 N을 입력받아 아래와 같이 N x N 크기 행렬을 출력하는 프로그램을 작성하시오. (각 원소들은 각 행과 열의 번호의 합이다.)

ⓘ 입력예

```
3
```

ⓞ 출력예

```
2 3 4
3 4 5
4 5 6
```

자가 진단 7-4

정수 N을 입력받아 아래와 같이 N x N 크기 행렬을 출력하는 프로그램을 작성하시오. (각 원소들은 각 행과 열의 번호의 차이다.)

ⓘ 입력예

```
3
```

ⓞ 출력예

```
0 -1 -2
1 0 -1
2 1 0
```

Q7-8 아래와 같이 5단부터 7단까지 구구단을 출력하는 프로그램을 작성하시오. 단과 단 사이의 간격은 공백 3칸이다.

◎ 출력예

```
5 * 1 = 5    6 * 1 = 6    7 * 1 = 7
5 * 2 = 10   6 * 2 = 12   7 * 2 = 14
5 * 3 = 15   6 * 3 = 18   7 * 3 = 21
5 * 4 = 20   6 * 4 = 24   7 * 4 = 28
5 * 5 = 25   6 * 5 = 30   7 * 5 = 35
5 * 6 = 30   6 * 6 = 36   7 * 6 = 42
5 * 7 = 35   6 * 7 = 42   7 * 7 = 49
5 * 8 = 40   6 * 8 = 48   7 * 8 = 56
5 * 9 = 45   6 * 9 = 54   7 * 9 = 63
```

소스

```python
for i in range(1, 10):
    for j in range(5, 8):
        print(j, '*', i, '=', j * i, end="   ")
    print()
```

설명

- 각 줄마다 바뀌는 것이 무엇인지 확인해 보자.
첫 번째 줄은 곱하는 값이 1이고 두 번째 줄은 곱하는 값이 2, 세 번째 줄은 3, … 이렇게 곱하는 값이 1부터 9까지 달라지게 된다. 따라서 곱하는 값 i를 1부터 9까지 먼저 정해주었다.

- i가 1일 때의 동작을 살펴보자.
왼쪽부터 차례대로 5단부터 7단까지 출력을 해야 한다.
j를 5부터 7까지 증가시키면서 j * 1을 출력한다.

- for문이 끝나면 print()로 줄을 바꾼 다음에 i를 2로 바꾸어 다시 5단부터 7단까지 * 2를 출력한다. 이렇게 반복하여 * 9가 끝나면 프로그램을 끝내게 된다.

- 구구단 사이의 간격은 end = "   " 에서 공백의 개수를 조정하면 된다.

자가 진단 8-1

정수 N을 입력받아 N단 구구단을 출력하는 프로그램을 작성하시오.

ⓘ 입력예

```
7
```

ⓞ 출력예

```
7 * 1 = 7
7 * 2 = 14
7 * 3 = 21
7 * 4 = 28
7 * 5 = 35
7 * 6 = 42
7 * 7 = 49
7 * 8 = 56
7 * 9 = 63
```

자가 진단 8-2

정수 N을 입력받아 N단 구구단을 세 줄에 걸쳐 출력하는 프로그램을 작성하시오. 각 식 사이의 간격은 공백 세 개로 정한다.

ⓘ 입력예

```
7
```

ⓞ 출력예

```
7 * 1 = 7   7 * 2 = 14   7 * 3 = 21
7 * 4 = 28   7 * 5 = 35   7 * 6 = 42
7 * 7 = 49   7 * 8 = 56   7 * 9 = 63
```

형성평가 문제

1 10 이하의 정수 N을 입력받아 아래와 같이 "PROGRAMMING"을 N번 출력하는 프로그램을 작성하시오.

ⓘ 입력예 4

ⓞ 출력예

```
PROGRAMMING
PROGRAMMING
PROGRAMMING
PROGRAMMING
```

2 두 정수 S와 E를 입력받아 작은 수부터 큰 수까지 차례대로 출력하는 프로그램을 작성하시오.

ⓘ 입력예 10 5

ⓞ 출력예 5 6 7 8 9 10

3 정수를 입력받아 1부터 입력받은 정수까지의 5의 배수를 첫 행에 출력하고 마지막 행에는 그 수들의 합을 출력하는 프로그램을 작성하시오.

ⓘ 입력예 20

ⓞ 출력예

```
5 10 15 20
50
```

4 정수 N을 입력받고 이어서 N개의 점수를 입력받아 합과 평균을 출력하는 프로그램을 작성하시오.

ⓘ 입력예	3 99 65 31
ⓞ 출력예	SUM: 194 AVG: 65

5 두 개의 정수를 입력받아 작은 수부터 큰 수까지 3의 배수이거나 5의 배수인 수들의 개수와 합을 출력하는 프로그램을 작성하시오.

ⓘ 입력예	10 15
ⓞ 출력예	CNT: 3 SUM: 37

6 한 개의 정수를 입력받아 그 수의 배수를 차례로 10개 출력하는 프로그램을 작성하시오.

ⓘ 입력예	5
ⓞ 출력예	5 10 15 20 25 30 35 40 45 50

7 행과 열의 수를 입력받아 다음과 같이 출력하는 프로그램을 작성하시오.

ⓘ 입력예	3 4
ⓞ 출력예	1 2 3 4 2 3 4 5 3 6 9 12

8 정수를 입력받아 다음과 같이 순서쌍을 출력하는 프로그램을 작성하시오.

ⓘ 입력예

```
4
```

ⓞ 출력예

```
(1, 1) (1, 2) (1, 3) (1, 4)
(2, 1) (2, 2) (2, 3) (2, 4)
(3, 1) (3, 2) (3, 3) (3, 4)
(4, 1) (4, 2) (4, 3) (4, 4)
```

9 2부터 9까지의 정수 S와 E를 입력받아 S단부터 E단까지의 구구단을 차례대로 출력하는 프로그램을 작성하시오.(2≤S, E≤9, 구구단 사이의 공백은 3칸이다.)

ⓘ 입력예

```
5
3
```

ⓞ 출력예

```
5 * 1 = 5   4 * 1 = 4   3 * 1 = 3
5 * 2 = 10   4 * 2 = 8   3 * 2 = 6
5 * 3 = 15   4 * 3 = 12   3 * 3 = 9
5 * 4 = 20   4 * 4 = 16   3 * 4 = 12
5 * 5 = 25   4 * 5 = 20   3 * 5 = 15
5 * 6 = 30   4 * 6 = 24   3 * 6 = 18
5 * 7 = 35   4 * 7 = 28   3 * 7 = 21
5 * 8 = 40   4 * 8 = 32   3 * 8 = 24
5 * 9 = 45   4 * 9 = 36   3 * 9 = 27
```

08 CHAPTER

반복제어문3

Q8-1 출력 예와 같이 출력하는 프로그램을 for문을 이용하여 작성하시오.

◎ 출력예

```
*
**
***
```

소스

```
for i in range(1, 4):
    for j in range(i):
        print("*", end = "")
    print()
```

설명

- `for i in range(1, 4):`

i가 1에서 3까지 1씩 증가하며 총 세 번 반복한다. 여기서 행의 번호를 나타내는 i는 우리가 출력할 별의 개수와 같다.

- `for j in range(i):`
  `print("*", end = "")`

i = 1일 때, "*"를 한 번 반복하여 출력하게 되어 첫번째 행에 "*" 모양이 출력된다.

i = 2일 때, "*"를 두 번 반복하여 출력하게 되어 두번째 행에 "**" 모양이 출력된다.
i = 3일 때, "*"를 세 번 반복하여 출력하게 되어 세번째 행에 "***" 모양이 출력된다.

• print()

하나의 행의 출력이 끝날 때마다 줄바꿈을 해주는 코드이다.

- 사실 위의 코드는 나중에 문자열 단원에서 연산자를 이용하는 방법을 익히게 되면 아래와 같이 간단하게 작성할 수도 있다.

```
for i in range(1, 4):
    print("*" * i)
```

하지만 이 단원에서는 반복문을 다양하게 활용하는 방법을 익히기 위한 것이므로 반복문을 이용하여 한자씩 출력하는 방법을 충분히 학습하기로 한다.

자가진단 1

정수 N을 입력받아 다음과 같이 출력하는 프로그램을 작성하시오.

ⓘ 입력예 5

ⓞ 출력예

```
*
**
***
****
*****
```

Q8-2 출력 예와 같이 출력하는 프로그램을 for문을 이용하여 작성하시오.

◎ 출력예

```
***
**
*
**
***
```

소스

```
for i in range(3, 0, -1):
    for j in range(i):
        print("*", end="")
    print()
for i in range(2, 4):
    for j in range(i):
        print("*", end="")
    print()
```

설명

- `for i in range(3, 0, -1):`

i가 3에서 1까지 1씩 감소하며 총 세 번 반복한다. 여기서 행의 번호 i를 우리가 출력할 별의 개수와 같도록 설정하면 코딩이 간결해 질 수 있다.

i = 3일 때, "*"를 세 번 반복하여 출력하게 되어 첫번째 행에 "***" 모양이 출력된다.

i = 2일 때, "*"를 두 번 반복하여 출력하게 되어 두번째 행에 "**" 모양이 출력된다.

i = 1일 때, "*"를 한 번 반복하여 출력하게 되어 세번째 행에 "*" 모양이 출력된다.

- `for i in range(2, 4):`

i가 2에서 3까지 1씩 증가하며 총 두 번 반복한다.

i = 2일 때, "*"를 두 번 반복하여 출력하게 되어 네번째 행에 "**" 모양이 출력된다.

i = 3일 때, "*"를 세 번 반복하여 출력하게 되어 다섯번째 행에 "***" 모양이 출력된다.

자가 진단 2-1

정수 N을 입력받아 다음과 같이 출력하는 프로그램을 작성하시오.

ⓘ 입력예

```
3
```

ⓞ 출력예

```
*
**
***
***
**
*
```

자가 진단 2-2

정수 N을 입력받아 다음과 같이 출력하는 프로그램을 작성하시오.
('*'과 '*' 사이에는 공백 1개가 있습니다.)

ⓘ 입력예

```
3
```

ⓞ 출력예

```
* * *
* *
*
```

Q8-3 출력 예와 같이 출력하는 프로그램을 for문을 이용하여 작성하시오.

◎ 출력예

```
  *
 **
***
```

소스

```python
for i in range(1, 4):
    for j in range(3 - i):
        print(" ", end="") # 공백을 3-i개 출력한다.
    for j in range(i):
        print("*", end"") # 별(*)을 i개 출력한다.
    print()
```

설명

- 앞선 예제와 달리 별 앞에 공백이 추가로 출력된다.
공백과 "*"의 개수의 합이 3개이고 별의 개수가 i개 이므로 공백의 개수는 3-i개가 된다.

행 번호 (i)	공백(" ") 개수	별("*") 개수
1	2	1
2	1	2
3	0	3
i에 대한 식	3 - i	i

i가 1일 때, 공백을 (3 - i = 2)개 출력하고, 별을 (i = 1)개 출력한다.
i가 2일 때, 공백을 (3 - i = 1)개 출력하고, 별을 (i = 2)개 출력한다.
i가 3일 때, 공백을 (3 - i = 0)개 출력하고, 별을 (i = 3)개 출력한다.

자가 진단 3

정수 N을 입력받아 다음과 같이 출력하는 프로그램을 작성하시오.

ⓘ 입력예

```
3
```

ⓞ 출력예

```
***
 **
  *
```

Q8-4 출력 예와 같이 출력하는 프로그램을 for문을 이용하여 작성하시오.

◎ 출력예

```
  *
 ***
*****
```

소스

```python
for i in range(1, 4):
    for j in range(3 - i):
        print(" ", end="")
    for j in range(i * 2 + 1):
        print("*", end="")
    print()
```

설명

- i행의 공백의 개수는 직전 예제와 같으나 별의 개수는 i와 같지 않고 식을 통해 계산을 할 수 있다.

행이 1증가할 때마다 별의 개수는 2개씩 증가하므로 i의 2배를 기준으로 생각해 보아야 한다.

i * 2는 2, 4, 6, …이고 여기에서 각각 1을 빼면 1, 3, 5, …가 되므로 i * 2 - 1의 식으로 별의 개수를 얻을 수 있다.

행 번호 (i)	공백(" ") 개수	별("*") 개수
1	2	1
2	1	3
3	0	5
i에 대한 식	3 - i	i * 2 - 1

자가진단 4-1

정수 N을 입력받아 다음과 같이 출력하는 프로그램을 작성하시오.

ⓘ 입력예

```
3
```

ⓞ 출력예

```
*****
 ***
  *
```

hint: 위 예제에서 행의 번호만 바꿔주면 내부의 코드는 .동일하다.

자가진단 4-2

정수 N을 입력받아 N줄만큼 다음과 같이 출력하는 프로그램을 작성하시오. ("*"과 "*" 사이는 공백 1개가 있습니다.)

ⓘ 입력예

```
5
```

ⓞ 출력예

```
* * * * *
    * * *
        *
    * * *
* * * * *
```

Q8-5 한 줄에 영문 알파벳 소문자 a부터 z까지 출력하는 프로그램을 작성하시오.

◎ 출력예　　a b c … (중략) … x y z

소스

```python
for i in range(ord('a'), ord('z') + 1):
    print(chr(i), end=" ")
```

설명

– 아스키 코드

문자열을 이루는 각 문자들은 모두 고유의 아스키(ascii) 코드값을 가지고 있다. 아스키 코드가 존재하는 이유는, 컴퓨터는 숫자형태의 자료밖에 저장할 수 없기 때문이며, 'A'나 '&'같은 문자는 우리같은 사람들에게만 이해할 수 있는 자료일 뿐, 컴퓨터는 알아들을 수 없는 문자이다.

아스키 코드는 비슷한 특성을 가진 문자끼리 연속되어 나타냄으로써, 반복문을 활용하기 편리하게 지정되어 있다.

예를 들어 'A'의 아스키코드는 65이며, 'B'의 아스키코드는 66, 'C'의 경우 67… 의 방식이다. 아래 세 개의 아스키코드를 알아두면 모든 알파벳과 숫자에 해당하는 아스키코드를 파악하기 용이하다.

문자	'0'	'A'	'a'
아스키코드	48	65	97

– ord()

ord(…)형식으로 사용하며, (…)의 위치에 문자(길이 1의 문자열)를 넣으면 그 문자의 아스키코드값을 반환해준다. 반환되는 아스키코드값은 당연히 정수이다. 만약 (…)의 위치에 두 문자 이상으로 구성된 문자열을 넣으면, 에러가 발생하게 된다.

– chr()

ord()의 역연산을 수행해주며, chr(...)에서 (...)의 위치에 정수 아스키코드값을 넣으면, 문자(길이 1의 문자열)을 반환해준다.

- `for i in range(ord('a'), ord('z') + 1):`

'a'의 아스키코드(97)부터 z의 아스키코드(122)까지 순서대로 반복하는 for문이다. for i in range(97, 123): 이라고 써도 동일한 역할을 수행한다. 그러나 아스키코드값에 대하여 순회한다는 의미가 눈에 들어오지 않으므로 이러한 표현은 지양하는 것이 좋다.

자가진단 5-1

한 줄에 두 개의 문자를 입력받아, 첫 번째 문자의 아스키코드부터 두 번째 문자의 아스키코드까지 순서대로 순회하면서 모든 문자를 출력하는 프로그램을 작성하시오. (첫 번째 문자의 아스키코드가 두 번째 문자의 아스키코드보다 클 수도 있음에 주의하시오.)

ⓘ 입력예 1	a z
ⓞ 출력예 1	a b c d e f g h i j k l m n o p q r s t u v w x y z
ⓘ 입력예 2	Z R
ⓞ 출력예 2	Z Y X W V U T S R

자가진단 5-2

한 줄에 두 개의 문자를 입력받아, 아스키코드가 작은 문자부터 아스키코드가 큰 문자까지 순서대로 순회하면서 모든 문자를 출력하는 프로그램을 작성하시오.

ⓘ 입력예 1	a z
ⓞ 출력예 1	a b c d e f g h i j k l m n o p q r s t u v w x y z
ⓘ 입력예 2	Z R
ⓞ 출력예 2	R S T U V W X Y Z

Q8-6 정수 N을 입력받아 N줄만큼 출력 예와 같이 알파벳을 출력하는 프로그램을 작성하시오.

ⓘ 입력예 3

ⓞ 출력예
A
BC
DEF

소스

```
N = int(input())
alpha = ord('A')
for i in range(1, N + 1):
    for j in range(i):
        print(chr(alpha), end="")
        alpha += 1
    print()
```

설명

• `alpha = ord('A')`

출력할 문자 ch에 처음 출력할 문자 'A'의 아스키코드값(65)을 저장한다. 출력하며 1씩 증가시키는 작업을 쉽게 하기 위해 정수로 저장하는 것이다. ord(문자)는 문자의 아스키코드값을 리턴하는 함수이다. alpha = 65처럼 값을 직접 대입해도 된다.

• `for i in range(1, N + 1):`

1부터 n까지 n개의 행을 처리하도록 하며 행번호 i값은 해당 행에서 출력해야 할 문자의 개수와 같다.

- 현재 우리가 출력해야 할 모양은 전체적인 구조만 보면 아래 삼각형 모양과 동일하다.

```
*
**
***
```

따라서 출력할 문자 개수만큼 반복시키기 위해 반복문이 하나 더 필요하다. 즉, 이 프로그램은 2중 반복문의 형태가 된다.

- ```
  for j in range(i):
     print(chr(alpha), end="")
     alpha += 1
  ```

각 행마다 행번호 i개만큼 문자를 출력한다. 문자를 출력할 때마다 1씩 커지므로 alpha의 아스키코드를 1씩 증가시킨다. chr(정수)는 아스키코드 값이 정수에 해당하는 문자를 반환한다.

자가진단 6

정수 N을 입력받아 N줄만큼 출력 예와 같이 알파벳을 출력하는 프로그램을 작성하시오.(문자 사이에는 공백 1개 있음)

ⓘ 입력예

```
3
```

ⓞ 출력예

```
a b c
d e
f
```
```

Q8-7 정수 N을 입력받아 N줄만큼 출력 예와 같이 알파벳과 숫자를 출력하는 프로그램을 작성하시오.

ⓘ 입력예 4

ⓞ 출력예

```
A B C 1
D E 2 3
F 4 5 6
7 8 9 10
```

소스

```
N = int(input())
alpha = ord('A')
num = 1
for i in range(1, N + 1):
    for j in range(N - i):
        print(chr(alpha), end=" ")
        alpha += 1
    for j in range(i):
        print(num, end=" ")
        num += 1
    print()
```

설명

사실상 출력해야 할 모양은 전체적인 구조만 보면 아래 삼각형 모양과 동일하다.

```
   *
  **
 ***
****
```

단지 공백이 있어야할 공간은 문자로, 별이 있어야할 공간은 숫자가 채워 있을 뿐이다. 즉, 공백대신 문자열을 출력하고, 별 대신 숫자를 출력하면 된다는 말이다. 다만 문자나 숫자는 출력할 때마다 1씩 증가하게 된다.

자가
진단
7

정수 N을 입력받아 N줄만큼 출력 예와 같이 숫자와 알파벳을 출력하는 프로그램을 작성하시오.

ⓘ 입력예

```
4
```

ⓞ 출력예

```
0 A B C
1 2 D E
3 4 5 F
6 7 8 9
```

형성평가 문제

1 정수 N을 입력받아 출력예와 같이 출력하는 프로그램을 작성하시오.

ⓘ 입력예

```
5
```

ⓞ 출력예

```
*
**
***
**
*
```

2 정수 N을 입력받아 출력예와 같이 출력하는 프로그램을 작성하시오.

ⓘ 입력예

```
5
```

ⓞ 출력예

```
    *
  ***
*****
  ***
    *
```

3 정수 N을 입력받아 출력예와 같이 출력하는 프로그램을 작성하시오.

ⓘ 입력예

```
3
```

ⓞ 출력예

```
    1
  1 2
1 2 3
```

4 정수 N을 입력받아 출력예와 같이 출력하는 프로그램을 작성하시오.

ⓘ 입력예
```
3
```

ⓞ 출력예
```
Z Y X
W V 0
U 1 2
```

5 정수 N을 입력받아 출력예와 같이 출력하는 프로그램을 작성하시오.

ⓘ 입력예
```
3
```

ⓞ 출력예
```
#
# #
# # #
  # #
    #
```

6 정수 N을 입력받아 출력예와 같이 출력하는 프로그램을 작성하시오.

ⓘ 입력예
```
3
```

ⓞ 출력예
```
1 3 5
7 9 1
3 5 7
```

10 미만의 홀수만 출력

```
num += 2
if(num > 10) num -=10
```

또는

```
num =(num+2) %10
```

7 아스키코드 48~90번까지의 모든 문자를 출력예와 같이 출력하는 프로그램을 작성하시오.

ⓞ 출력예

```
48 - 0
49 - 1
.
.
.
89 - Y
90 - Z
```

8 정수 N을 입력받아, 알파벳 소문자 중 N의 배수 번째 알파벳만 출력하는 프로그램을 작성하시오.

ⓘ 입력예

```
2
```

ⓞ 출력예

```
bdfhjlnprtvxz
```

09

CHAPTER

리스트1

Q9-1 다섯 개의 정수를 입력받은 후 차례대로 출력하는 프로그램을 작성하시오.

ⓘ 입력예

```
1
2
3
4
5
```

ⓞ 출력예

```
1 2 3 4 5
```

소스 1

```python
a = int(input())
b = int(input())
c = int(input())
d = int(input())
e = int(input())
print(a, b, c, d, e)
```

설명 1

다섯 개의 정수를 입력받기 위해서는 그 동안 배운 방법으로는 위와 같이 다섯 개의 변수를 만들어야 한다. 하지만 100개 또는 10만개의 정수를 입력받으려면 그에 비례하는 개수의 변수를 만들어야 하고, 이는 매우 어려운 일이 된다.

소스 2

```
A = [0] * 5
A[0] = int(input())
A[1] = int(input())
A[2] = int(input())
A[3] = int(input())
A[4] = int(input())
print(A[0], A[1], A[2], A[3], A[4])
```

설명 2

같은 이름으로 여러 개의 자료를 저장할 수 있도록 하는 것을 리스트라고 한다.

- `A = [0] * 5`

A라는 이름으로 다섯 개의 변수를 선언하여 모두 0으로 초기화한다.

위와 같이 선언하면 A라는 이름의 리스트에는 변수가 다섯 개가 있지만, 모두 같은 이름인 A를 공유하기에 각 변수의 이름을 구분하기 위해 0부터 리스트의 길이보다 1 작은 수까지의 번호를 사용하는데, 이런 번호를 **인덱스(index)**라고 부른다. 리스트 A의 인덱스는 0부터 4까지 총 다섯 개 존재하게 된다.

A[0]	A[1]	A[2]	A[3]	A[4]

이와 같은 리스트를 1차원 리스트라고 한다.

소스 3

```
A = [0] * 5
for i in range(5):
    A[i] = int(input())
for i in range(5):
    print(A[i], end=" ")
```

설명 3

소스2와 같은 방법을 선택하면 자료를 저장하는 공간을 만드는 것까지는 쉬우나 하나씩 일일이 입력하고 사용하는데 어려움이 있다.

반복문을 이용하여 인덱스를 채워 넣으면, 아무리 개수가 많아도 위와 같이 간단하게 해결할 수 있다.

i가 0에서 4까지 변하며 `A[0]`, `A[1]`, `A[2]`, `A[3]`, `A[4]`를 각각 접근한다.

자가 진단 1-1

30개의 정수를 입력받아 출력하는 프로그램을 작성하시오.

ⓘ 입력예

7
3
⋮
1
5

ⓞ 출력예

7 3 … (중략) … 1 5

자가 진단 1-2

50개의 정수를 입력받아 마지막 입력받은 정수부터 첫 번째 입력받은 정수까지 역순으로 출력하는 프로그램을 작성하시오.

ⓘ 입력예

7
3
⋮
1
5

ⓞ 출력예

5 1 … (중략) … 3 7

Q9-2 다섯 개의 문자열을 입력받은 리스트를 출력하는 프로그램을 작성하시오.

ⓘ 입력예

```
coconut
walnut
peanut
hazelnut
cashewnut
```

ⓞ 출력예

```
['coconut', 'walnut', 'peanut', 'hazelnut', 'cashewnut']
```

소스

```
A = []
forin range(5):
    x = input().strip()
    A.append(x)
print(A)
```

설명

• `A = []`

아무 자료도 들어있지 않은 빈 리스트를 하나 선언하고, 그 이름을 A라고 부른다. A = list()라고 써도 같은 표현이다.

• `A.append(x)`

append() 함수는 리스트의 끝에 새로운 원소를 삽입한다.
위 코드에서는 x에 입력받은 문자열이 A 리스트의 끝에 삽입된다.

• `print(A)`

리스트를 통째로 출력한다.

자가 진단 2

정수 다섯 개를 리스트에 입력받아 리스트 형태([ ])로 출력하고, 다음 행에는 데이터만 출력하는 프로그램을 작성하시오.

ⓘ 입력예

```
10
20
30
40
50
```

ⓞ 출력예

```
[10, 20, 30, 40, 50]
10 20 30 40 50
```

Q9-3 다음의 순서대로 작업해서 아래 출력예와 같이 출력하는 프로그램을 작성하시오.

1. [1, 2, 3, 4, 5]와 같이 1부터 5까지의 정수가 들어있는 리스트를 만든다.
2. 리스트의 마지막 원소를 출력한 후, 리스트에서 제거한다.
3. 리스트를 출력하고 다음 줄에 리스트의 원소의 개수를 출력한다.
4. 리스트에서 두 번째 원소를 출력한 후, 리스트에서 제거한다.
5. 리스트를 출력하고 다음 줄에 리스트의 원소의 개수를 출력한다.

◎ 출력예

```
last: 5
[1, 2, 3, 4]
len: 4

second: 2
[1, 3, 4]
len: 3
```

소스

```
A = [1, 2, 3, 4, 5]
last = A.pop()
print("last:", last)
print(A)
print("len:", len(A))
print()
second = A.pop(1)
print("second:", second)
print(A)
print("len:", len(A))
```

설명

- `last = A.pop()`

A리스트의 마지막 원소를 last에 저장하고 리스트에서 제거한다.

pop() 함수는 리스트의 마지막 원소를 삭제한다. 이 때, 해당 함수를 변수에 대입시키면 삭제한 원소가 해당 변수에 저장된다.

- `len(A)`

len() 함수는 괄호안에 들어간 리스트의 원소의 개수 즉, 길이를 반환해 준다.

- `second = A.pop(1)`

A[1]번 원소를 second 변수에 저장하고 리스트에서 제거한다.
pop(인덱스) 함수는 해당 인덱스의 원소를 삭제한다.

자가 진단 3

정수 5개를 차례대로 입력받아 리스트 형태로 출력하고, 마지막에 입력된 데이터 2개를 삭제한 후 다시 리스트 형태로 출력하는 프로그램을 작성하시오.

ⓘ 입력예

```
1
2
3
4
5
```

ⓞ 출력예

```
[1, 2, 3, 4, 5]
[1, 2, 3]
```

Q9-4

다섯 개의 정수를 입력받아 리스트 A에 저장한 후, 리스트 A의 마지막 원소와 마지막에서 두 번째 원소의 합을 출력하는 프로그램을 작성하시오.

ⓘ 입력예

```
10
20
30
40
50
```

ⓞ 출력예

```
90
```

소스

```
A = []
for i in range(5):
    A.append(int(input()))
print(A[-1] + A[-2])
```

설명

• A.append(int(input()))

정수를 입력받아 A리스트에 추가한다.

```
x = int(input())
A.append(x)
```

위와 같이 x라는 변수에 입력받은 값을 저장한 후 그 변수를 리스트에 추가하는 방법을 중간과정을 생략하고 간소하게 처리한 것이다.

• A[-1] + A[-2]

인덱스를 통해 리스트의 원소에 접근하는 방식을 **인덱싱(indexing)**이라고 부른다.

크기가 5인 리스트에서는 0, 1, 2, 3, 4와 같은 다섯 가지 인덱스를 접근하여 사용하는 것이 가능하다. 각각 첫 번째, 두 번째, …, 다섯 번째 위치라는 의미다. 인덱스를 음수로 사용하게 된다면 뒤에서부터 첫 번째, 뒤에서부터 두 번째와 같은 사용이 가능하다.

크기가 5인 리스트에서 음수 인덱스는 -5, -4, -3, -2, -1과 같이 사용가능하며, 각각 마지막에서 첫 번째, 마지막에서 두 번째, …, 마지막에서 다섯 번째라는 의미다.

자가진단 4

A = ['a', 'b', 'c', 'd', 'e']로 초기화하여 만든 리스트를 출력한 후, 첫 번째 원소와 세 번째 원소, 마지막 원소를 차례대로 이어서 출력하는 프로그램을 작성하시오.

◎ 출력예

```
['a', 'b', 'c', 'd', 'e']
ace
```

Q9-5 다섯 개의 정수를 입력받아 리스트 A에 저장하고, A의 원소를 그대로 복사하여 저장한 리스트 B를 생성하고, A의 원소를 역순으로 저장한 리스트 C를 생성한 후, C리스트를 출력하고 B리스트에 3개의 정수를 추가로 입력받아 추가한 후 출력하고 A리스트를 출력하는 프로그램을 작성하시오.

ⓘ 입력예

```
10
20
30
40
50
60
70
80
```

ⓞ 출력예

```
[50, 40, 30, 20, 10]
[10, 20, 30, 40, 50, 60, 70, 80]
[10, 20, 30, 40, 50]
```

소스

```
A = []
for i in range (5):
    A.append (int(input()))
B = A[:]
C = A[::-1]
for i in range(3):
    B.append(int(input()))
print(C)
print(B)
print(A)
```

설명

- 슬라이싱(Slicing)은 리스트에서 일정 범위를 지정하여 새로운 리스트를 만들어 내는 방법이다.

슬라이싱의 기본형식은 range와 같이 리스트명[start: stop: step]의 형식을 갖게 된다.
step이 1일 때는 리스트명[start: stop]처럼 생략이 가능하고 start부터 stop 이전까지의 모든 원소를 지정하게 된다.

• `B = A[:]`

A의 모든 원소를 그대로 복사하여 새로운 리스트 B를 생성한다.
start가 생략되면 원소의 처음부터, stop이 생략되면 리스트의 끝까지를 나타내는 것이 된다.
따라서 `A[0:5:1]`, `A[0:5]`, `A[0:]`, `A[:5]`, `A[:]` 등은 모두 같은 것이 된다.
모든 원소를 복사하는 경우 `B = list(A)` 이렇게 쓰는 것도 가능하다.

• `C = A[::-1]`

step이 -1인 경우 1씩 감소하게 되므로 생략된 start와 stop은 마지막 원소부터 처음 원소까지 전체 원소를 지정하게 된다.
결과적으로 `A[::-1]`는 `A[4:-1:-1]`과 같은 것이 된다.

(심화)

`B = A[:]`는 A의 원소들을 처음부터 끝까지 복사하여 B리스트에 저장하는 것인데 그냥 `B = A`와 같이 써도 될 텐데 굳이 왜 슬라이싱을 해야 할까?
슬라이싱을 해서 새로운 B리스트에 저장하게 되면 A리스트와 B리스트는 완전히 독립된 서로 다른 리스트가 되며 이러한 복사를 깊은 복사(deep copy)라 한다.

반면에 `B = A`와 같이 쓰게 되면 B라는 리스트를 새로 만드는 것이 아니라 기존의 A리스트를 같이 공유하여 같은 이름으로 쓰는 것이 된다. 즉, 일종의 별명과 같은 개념으로 생각하면 된다.

이러한 경우를 얕은 복사(shallow copy)라고 하는데 위의 소스에서 슬라이싱을 하지 않고 얕은 복사를 한 후, B에 새로운 원소를 삽입하고 A리스트를 출력하게 되면 B를 출력한 것과 똑같이 B에 삽입한 원소들이 출력되는 것을 확인할 수 있다.

아래의 예를 보고 깊은 복사와 얕은 복사의 차이를 확인해 보자.

	얕은 복사	깊은 복사
코드	A = [1, 2, 3] B = A B.append(5) print(id(A)) print(id(B)) print(A) print(B)	A = [1, 2, 3] B = A[:] B.append(5) print(id(A)) print(id(B)) print(A) print(B)
출력	1437538516096 1437538516096 [1, 2, 3, 5] [1, 2, 3, 5]	1755572010048 1755572017216 [1, 2, 3] [1, 2, 3, 5]

보는 것과 같이 얕은 복사의 경우 id가 같은 것을 확인할 수 있다. 즉 새로운 리스트를 생성하여 B에 저장하는 것이 아닌 같은 리스트를 A와 B가 함께 공유하는 형식이 되는 반면, 깊은 복사의 경우 완전히 새로운 리스트가 생성되어 서로 다른 id를 갖고 있는 것을 확인할 수 있다.
여기서 id는 객체의 고유한 값을 리턴해 주는 함수이다.

자가진단 5

다섯 개의 정수를 입력받아 리스트 A에 저장하고 리스트 A를 역순으로 뒤집은 결과를 리스트 B에 저장시킨 후 리스트 C에 리스트 B의 원소들을 그대로 저장시킨다. 리스트 C에 한 개의 원소를 입력받아 추가한 후 A, B, C리스트를 차례대로 출력하는 프로그램을 작성하시오.

ⓘ 입력예

```
1
2
3
4
5
6
```

ⓞ 출력예

```
A = [1, 2, 3, 4, 5]
B = [5, 4, 3, 2, 1]
C = [5, 4, 3, 2, 1, 6]
```

Q9-6 다섯 개의 정수를 입력받아 리스트 A에 저장한 후, 첫 번째 줄에 리스트 A의 세 번째에서 다섯 번째까지의 원소들만을 갖는 리스트를, 다음 줄에 세 번째에서 다섯 번째까지의 원소들을 반대 순서로 갖는 리스트를, 그리고 마지막 줄에 리스트 A를 반대로 뒤집은 리스트를 출력하는 프로그램을 작성하시오.

ⓘ 입력예

```
10
20
30
40
50
```

ⓞ 출력예

```
[30, 40, 50]
[50, 40, 30]
[50, 40, 30, 20, 10]
```

소스

```python
A = []
for i in range(5):
    A.append(int(input()))
print(A[2:5])
print(A[4:1:-1])
print(A[::-1])
```

설명

- 슬라이싱(Slicing)의 기본형식 리스트명[start: stop: step]의 사용에 관한 사례를 살펴보자.

만약 리스트가 A = [0, 1, 2, 3, 4, 5] 와 같다면, 아래와 같이 슬라이싱이 가능하다.

슬라이싱	생성된 리스트	설명
A[:]	[0, 1, 2, 3, 4, 5]	[:]만 사용하게 되면 처음부터 마지막까지 전체를 복사한다. start와 end가 생략되는 경우 처음부터, 마지막까지라고 인식된다.
A[:3]	[0, 1, 2]	[:end]의 경우 start가 생략되었으므로 처음부터 end 전까지 복사한다.
A[2:]	[2, 3, 4, 5]	[start:]의 경우 end가 생략되었으므로 start부터 마지막까지를 복사한다.
A[2:5]	[2, 3, 4]	[start: end]의 경우 start부터 end 전까지를 복사한다.
A[1:5:2]	[1, 3]	[start: end: step]의 경우 start부터 end전까지 step만큼씩 증가 또는 감소하며 복사한다.
A[4:-1:-1]	[4, 3, 2, 1, 0]	step이 감소하는 경우 end도 마지막 원소보다 작게 설정해야 한다. A[4:-1:-1]는 A[4::-1]과 동일하다.
A[::-1]	[5, 4, 3, 2, 1, 0]	start와 end가 생략되었고 step이 -1이므로 뒤에서 앞으로 모든 원소를 뒤집어서 복사한다.

자가진단 6

다섯 개의 정수를 입력받아 리스트 A에 저장하고, 리스트 A를 거꾸로 뒤집은 결과를 리스트 B에 저장시킨 후, 리스트 A의 홀수 번째 원소들만을 모아 리스트 C에 저장시켜 출력 예와 같이 세 리스트 A, B, C를 출력하는 프로그램을 작성하시오.

ⓘ 입력예

```
1 2 3 4 5
```

ⓞ 출력예

```
A = [1, 2, 3, 4, 5]
B = [5, 4, 3, 2, 1]
C = [1, 3, 5]
```

Q9-7 리스트 A를 [1, 2, 3]으로 초기화시키고, 리스트 B를 [4, 5]로 초기화시킨 후, 첫 줄에 A와 B를 이어 붙인 리스트 C를 만들어 출력하고, 두 번째 줄에 B를 세 번 연속하여 반복시킨 리스트를 출력한다.

◎ 출력예

```
[1, 2, 3, 4, 5]
[4, 5, 4, 5, 4, 5]
```

소스

```
A = [1, 2, 3]
B = [4, 5]
C = A + B
print(C)
print(B * 3)
```

설명

- A + B

리스트에 덧셈 연산자(+)를 사용하면 리스트를 연결할 수 있다.

- B * 3

리스트에 곱셈 연산자(*)를 사용하면 같은 리스트를 여러 번 연결한 효과가 난다. [0] * 5 같이 [0, 0, 0, 0, 0]의 형태로 다섯 개의 원소를 갖는 리스트를 만들어내는 방법도 이러한 리스트의 곱셈 성질을 이용한 것이다.

자가 진단 7-1

A = [2, 3]으로 초기화하고, 정수를 하나 입력받아 리스트에 추가한 후 A를 출력하고 A*2를 출력하고 A+A를 출력하는 프로그램을 작성하시오.

ⓘ 입력예

```
1
```

ⓞ 출력예

```
[2, 3, 1]
[2, 3, 1, 2, 3, 1]
[2, 3, 1, 2, 3, 1]
```

자가 진단 7-2

세 개의 문자를 입력받아 리스트에 저장하여 출력하고, 두 번째와 세 번째 원소를 추가한 후 다시 두 번째 원소를 추가하여 리스트를 출력하는 프로그램을 작성하시오.

ⓘ 입력예

```
B A N
```

ⓞ 출력예

```
['B', 'A', 'N']
['B', 'A', 'N', 'A', 'N', 'A']
```

Q9-8

네 개의 정수를 입력받아 리스트에 저장한 후, 각 원소에 10씩 더한 값을 출력하는 프로그램을 작성하시오.

ⓘ 입력예

```
1
2
3
4
```

ⓞ 출력예

```
11
12
13
14
```

소스

```
A = [0] * 4
for i in range(4):
    A[i] = int(input())
for a in A:
    print(a + 10)
```

설명

• `for a in A:`

반복문의 in 뒤에 range()가 아닌 리스트를 사용하는 것도 가능하다. 이 경우, a에 리스트 A의 각 원소가 한 번씩 대입되며 리스트의 크기만큼 반복된다.

- 첫 번째 반복에서 a = 1이고, 1 + 10인 11이 출력된다.
- 두 번째 반복에서 a = 2이고, 2 + 10인 12가 출력된다.
- 세 번째 반복에서 a = 3이고, 3 + 10인 13이 출력된다.
- 네 번째 반복에서 a = 4이고, 4 + 10인 14가 출력된다.

더 이상 리스트에 들어있는 값이 없기에 반복문이 종료된다.

자가 진단 8

정수 5개를 계속 입력받아 리스트에 저장한 후 리스트를 출력하고, 다음 줄에 홀수 번째 입력된 데이터만 출력하는 프로그램을 작성하시오.

ⓘ 입력예

```
11
22
33
44
55
```

ⓞ 출력예

```
[11, 22, 33, 44, 55]
11 33 55
```

Q9-9 [3, 5, 2, 1, 4]와 같이 값이 들어있는 리스트 A를 선언하여 선택정렬로 정렬하며 각 회차마다 출력하는 프로그램을 작성하시오.

◎ 출력예

```
[1, 5, 3, 2, 4]
[1, 2, 5, 3, 4]
[1, 2, 3, 5, 4]
[1, 2, 3, 4, 5]
```

소스

```
A = [3, 5, 2, 1, 4]
N = 5
for i in range(N-1):
    for i in range(i+1, N):
        ifA[i] > A[j]:
            A[i], A[j] = A[j], A[i]
    print(A)
```

설명

• `A[i], A[j] = A[j], A[i]`

A[i]의 값과 A[j]의 값을 바꿔준다. 이는 파이썬에서 사용이 가능한 문법으로 C언어나 다른 언어에서 사용이 제한되는 경우가 많다.

(심화)

대입 연산자(=) 오른쪽에 있는 A[j], A[i]는 (A[j], A[i])와 같이 두 원소가 들어있는 튜플(아직 배우지 않은 개념으로 리스트라고 생각해도 무방하다)을 생성시키고, 튜플의 원소들이 좌측에 있는 A[i], A[j]에 순서대로 대입된다.

- 데이터를 값을 기준으로 순서를 맞추어 나열하는 것을 정렬이라고 한다. 값이 커지는 순서대로 정렬시키면 오름차순 정렬, 작아지는 순서로 정렬시키면 내림차순 정렬이라고 한다.

기존 수열				
5	9	1	3	7

오름차순 정렬				
1	3	5	7	9

내림차순 정렬				
9	7	5	3	1

- 정렬의 방법에 따라 선택정렬, 버블정렬, 삽입정렬 등 다양한 방법이 있는데, 위 코드는 선택정렬 방법으로 정렬하였다. 그 방법은 아래와 같이 진행된다.

• 0회차: 초기 상태

0	1	2	3	4
3	5	2	1	4

• 1회차: 가장 작은 수가 0번 인덱스에 오도록 둘 씩 비교하여 필요시 교환한다.

0	1	2	3	4
3	5	2	1	4

A[0]이 A[2]의 값보다 작으므로 교환하지 않는다.

0	1	2	3	4
2	5	**3**	1	4

A[0]보다 A[2]의 값이 작으므로 교환한다.

0	1	2	3	4
1	5	3	**2**	4

A[0]보다 A[3]의 값이 작으므로 교환한다.

0	1	2	3	4
1	5	3	2	4

A[0]이 A[4]보다 작으므로 교환하지 않는다.

- 2회차: 두 번째로 작은 수가 1번 인덱스에 오도록 한다.

0	1	2	3	4
1	**3**	**5**	2	4

A[1]보다 A[2]의 값이 작으므로 교환한다.

0	1	2	3	4
1	**2**	5	**3**	4

A[1]보다 A[3]의 값이 작으므로 교환한다.

0	1	2	3	4
1	2	5	3	4

A[1]이 A[4]의 값보다 작으므로 교환하지 않는다.

- 3회차: 세 번째로 작은 수가 2번 인덱스에 오도록 한다.

0	1	2	3	4
1	2	**3**	**5**	4

A[2]보다 A[3]의 값이 작으므로 교환한다.

0	1	2	3	4
1	2	3	5	4

A[2]가 A[4]의 값보다 작으므로 교환하지 않는다.

- 4회차: 네 번째로 작은 수가 3번 인덱스에 오도록 한다.

0	1	2	3	4
1	2	3	**4**	**5**

A[3]보다 A[4]의 값이 작으므로 교환한다.

- 5회차: 4번 인덱스만 남았기에 더 이상 진행하지 않고, 선택정렬이 종료된다.

0	1	2	3	4
1	2	3	4	5

- 크기가 N인 리스트를 선택정렬로 정렬하면 N-1 단계로 진행되며, 각 단계마다 i번째 단계에서는 i+1부터 끝까지 비교하게 되므로 N-i번의 비교가 발생된다.

자가진단 9

정수 N을 입력받고 다시 N개의 정수를 입력받아 리스트에 저장한 후 내림차순으로 정렬하여 출력하는 프로그램을 작성하시오.

ⓘ 입력예

```
8
55
20
30
77
10
100
99
88
```

ⓞ 출력예

```
[100, 99, 88, 77, 55, 30, 20, 10]
```

형성평가 문제

1 최대 100개의 정수를 차례로 입력받다가 -1이 입력되면 입력을 중단하고 -1을 제외한 마지막 세 개의 정수를 출력하는 프로그램을 작성하시오.(입력받은 정수가 3개 미만일 경우에는 모두 출력한다.)

ⓘ 입력예	30 20 10 60 80 -1
ⓞ 출력예	10 60 80

2 A = ['J', 'U', 'N', 'G', 'O','L']로 초기화 한 후, 문자를 한 개 입력받아 리스트에서의 위치를 출력하는 프로그램을 작성하시오. 첫 번째 위치는 0번이며 리스트에 없는 문자가 입력되면 "none"라는 메시지를 출력한다.

ⓘ 입력예 1	L	ⓘ 입력예 2	B
ⓞ 출력예 1	5	ⓞ 출력예 2	none

3 첫 번째 줄에 두 개의 정수 a, b를 입력받아, a가 b개인 리스트를 만들고, 두 번째 줄에도 같은 작업을 반복하여 새로운 리스트를 만든 후, 두 리스트를 합하여 출력 예와 같이 출력하는 프로그램을 작성하시오.

ⓘ 입력예	1 2 3 4
ⓞ 출력예	[1, 1, 3, 3, 3, 3]

4 세 자리 이하의 정수를 계속 입력받아 리스트에 저장하다가 0이 입력되면 최댓값과 최솟값을 구하는 프로그램을 작성하시오.(−999 ≦ 정수 ≦ 999)

ⓘ 입력예	45 19 123 58 10 -55 16 0
ⓞ 출력예	MAX: 123 MIN: -55

5 100 이하의 정수를 계속 입력받다가 0이 입력되면 0을 제외하고 그때까지 입력된 정수 중 5의 배수들의 리스트를 출력하고 리스트에 있는 원소들의 개수와 합계, 평균을 출력하는 프로그램을 작성하시오. 평균은 반올림하여 소수 첫째자리까지 출력한다.

ⓘ 입력예

```
35
10
23
100
64
51
5
0
```

ⓞ 출력예

```
[35, 10, 100, 5]
CNT: 4
HAP: 150
AVG: 37.5
```

6 100개 이하의 정수를 계속 입력받다가 0이 입력되면 0을 제외하고 그때까지 입력된 정수 중 홀수는 odd리스트에 짝수는 even리스트에 저장하여 다음과 같이 출력하는 프로그램을 작성하시오.

ⓘ 입력예

```
8
10
5
15
100
0
```

ⓞ 출력예

```
odd = [5, 15]
even = [8, 10 100]
```

7 연속 증가 리스트는 연속된 원소가 모두 증가하는 순서로 되어 있는 리스트를 의미한다. 즉, 연속 증가 리스트 내의 각 원소는 해당 원소보다 왼쪽에 있는 모든 원소보다 크다. 주어진 길이 N의 리스트가 연속 증가 리스트라면 "YES"를, 아니라면 "NO"를 출력하는 프로그램을 작성하시오.

ⓘ 입력예 1	6 3 5 5 6 8 9	ⓘ 입력예 2	5 1 2 6 8 20
ⓞ 출력예 1	NO	ⓞ 출력예 2	YES

CHAPTER 10

문자열

Q10-1

문자열 A를 입력받아 A의 모든 문자를 공백으로 분리하여 출력하는 프로그램을 작성하시오.

ⓘ 입력예	PYTHON
ⓞ 출력예	P Y T H O N

소스 1

```
A = input().strip()
for i in range(len(A)):
    print(A[i], end=" ")
```

설명 1

- 문자열은 '여러 문자로 이루어진 리스트'처럼 취급이 가능하다. 위 예시의 경우, 문자열 'PYTHON'은 아래와 같은 리스트처럼 생각할 수도 있다.

0	1	2	3	4	5
'P'	'Y'	'T'	'H'	'O'	'N'

- `for i in range(len(A)):`

len(A)는 문자열 A의 길이(글자수) 글자수가 된다. 즉, A에 입력된 문자의 개수가 6개라면 len(A)는 6이 되고, 위 반복문은 for i in range(6):과 같은 코드가 된다.

해당 반복문을 i를 0에서 5까지 반복하며 A[0], A[1], …, A[5]에 접근하는 방식으로 문자열 A의 모든 문자를 한 자씩 출력하게 된다.

소스 2

```python
A = input().strip()
for a in A:
    print(a, end=" ")
```

설명 2

- `for a in A:`

문자열은 '여러 문자로 이루어진 리스트'처럼 취급이 가능하다 했으므로 A문자열의 모든 리스트를 차례대로 순회하면서 접근하는 방식 역시 가능하다. A문자열의 원소인 모든 문자들이 차례대로 a에 대입되어 한자씩 출력하게 된다.

자가진단 1-1

문자열을 입력받아 홀수 번째 문자들을 출력하는 프로그램을 작성하시오.

ⓘ 입력예 abcde

ⓞ 출력예 a c e

자가진단 1-2

문자열을 입력받아 거꾸로 출력하는 프로그램을 작성하시오.

ⓘ 입력예 pineapple

ⓞ 출력예 elppaenip

Q10-2

첫 줄에 "It's an apple."를, 다음 줄에 "He said "Hello!" to me"를 출력하는 프로그램을 작성하시오.

◎ 출력예

```
It's an apple.
He said "Hello!" to me
```

소스

```
A = "It's an apple."
B = 'He said "Hello!" to me'
print(A)
print(B)
```

설명

문자열을 만들 때, 작은 따옴표(')나 큰 따옴표(")를 이용하여 만드는데, 'python'이라고 만들거나 "python"이라고 만들거나 결과는 같다.

다만 문자열 안에 작은 따옴표(')나 큰 따옴표(")를 넣어야하는 경우에는 차이가 생긴다. 만약 문자열 안에 작은 따옴표(')를 넣고 싶다면 큰 따옴표(")를 이용하여 문자열을 만들어야 하고, 반대의 경우는 작은 따옴표(')를 이용하여 문자열을 만들어야 한다.

(심화)

만약 작은 따옴표(')와 큰 따옴표(")를 모두 문자열에 넣고 싶다면 'I\'m fine.'과 같이 역슬래시(\)를 붙이면 된다.

자가 진단 2

다음의 두 문장을 변수에 대입하여 출력하는 프로그램을 작성하시오.

◎ 출력예

My name is “Hong Gildong”
I’m 15 years old

Q10-3 문자열 A를 "apple orange banana" 로 초기화하고 단어를 공백으로 구분하여 뒤집어서 마지막 단어부터 출력하고 문자열 B를 "Hello world!"로 초기화하여 출력한 후 앞뒤 공백을 제거한 후 다시 출력하는 프로그램을 작성하시오.

◎ 출력예

```
banana orange apple
    Hello world!
Hello world!
```

소스

```
A = "apple orange banana"
a, b, c = A.split()
print(c, b, a)

B = "   Hello world!   "
print(B)
B = B.strip()
print(B)
```

설명

- split() 함수는 공백을 기준으로 문자열을 나눈다.

(심화)

split(",")와 같이 괄호안에 문자열을 작성하게 되면, 공백이 아닌 해당 문자열을 기준으로 나누게 된다. 해당 코드와 같이 ","를 괄호 안에 두게 되면 ","를 기준으로 나누게 된다.

- strip() 함수는 문자열 앞 뒤의 연속된 공백문자를 제거한다. 단, 문자들 사이의 공백문자는 제거하지 않는다.

(심화)

strip() 함수도 split() 함수와 마찬가지로 strip(".")와 같이 괄호안에 문자열을 작성하게 되면, 공백이 아닌 해당 문자열을 제거하게 된다.

자가진단 3

한 줄에 공백으로 구분된 두 개의 단어로 이루어진 문자열을 입력받아, 두 번째 단어를 먼저 출력한 후 공백으로 구분하여 첫 번째 단어와 두 번째 단어를 붙여서 출력하는 프로그램을 작성하시오.

ⓘ 입력예 apple banana

ⓞ 출력예 banana applebanana

Q10-4 이름과 나이를 입력받아 출력예와 같이 출력하는 프로그램을 작성하시오.

ⓘ 입력예	John 27
ⓞ 출력예	John is 27 years old.

소스

```
name = input().strip()
age = int(input())
print(f"{name} is {age} years old.")
```

설명

- `print(f"{name} is {age} years old.")`

이는 `print (name, "is", age, "years old.")`와 정확하게 똑같이 작동한다. 이러한 문법을 f-string이라고 부르는데, 문자열을 시작하는 따옴표 앞에 알파벳 f를 붙이고, 따옴표 안 문자열에서 변수의 값을 넣고 싶을 때 해당 위치에 {변수명}과 같이 중괄호와 함께 변수명을 넣으면 그 위치에는 변수의 값이 문자열로 치환된다.

변수명 뿐 아니라 출력이 가능한 식을 넣어도 그 결과값이 그 위치에 문자열로 치환된다.

(심화)

아래 다섯 가지 코드는 동일한 결과를 출력한다.

```
print(name, "is", age, "years old.")
print(name + " is " + str(age) + " years old.")
print("%s is %s years old" % (name, age))
print("{} is {} years old".format(name, age))
print(f"{name} is {age} years old.")
```

자가 진단 4

첫 번째 줄에 오빠의 이름과 나이, 두 번째 줄에 동생의 이름과 나이를 입력받아, 출력 예와 같은 형식으로 두 학생의 나이 차를 출력하는 프로그램을 작성하시오.

ⓘ 입력예

```
Minsu 15
Kayoung 13
```

ⓞ 출력예

```
Minsu's age - Kayoung's age = 2
```

Q10-5

파이(π)를 3.14로 초기화하여 저장하고 원의 반지름을 입력받아 원의 넓이를 구한 후, 첫 번째 줄에는 파이(π)를 소수 둘째자리까지 출력하고 두 번째 줄에는 원의 넓이를 반올림하여 소수점 아래 한 자리까지 식과 함께 출력하는 프로그램을 작성하시오.

ⓘ 입력예	2
ⓞ 출력예	PI = 3.14 Area = 2 * 2 * 3.14 = 12.6

소스

```
PI = 3.14
radius = int (input())
print(f"PI = {PI : .2f}")
print(f"Area = {radius} * {radius} * {PI} =
        {radius * radius * PI : .1f}")
```

설명

- f"PI = {PI : .2f}"

f"{변수 : 형식}"은 해당 변수의 값을 형식에 맞춰 변형시키게 된다. ".2f"라는 형식은 소수점 아래 두자리의 실수라는 의미다. 이 때 f는 float의 약자이며 소수 3자리에서 반올림되어 소수 둘째 자리까지 출력된다.

```
f"{변수 : .0f}"  # 소수 첫째 자리에서 반올림하여 정수 부분만
f"{변수 : .1f}"  # 소수 둘째 자리에서 반올림하여 소수점 아래 한 자리까지
f"{변수 : .2f}"  # 소수 셋째 자리에서 반올림하여 소수점 아래 두 자리까지
f"{변수 : .3f}"  # 소수 넷째 자리에서 반올림하여 소수점 아래 세 자리까지
```

자가 진단 5

N 그램의 쿠키를 세 개로 쪼개었을 때 한 조각의 무게를 구하여 소수 셋째 자리에서 반올림하여 소수 둘째 자리까지 출력하는 프로그램을 작성하시오.

ⓘ 입력예 7

ⓞ 출력예 2.33

Q10-6 두 개의 물건과 가격을 출력 예와 같이 출력하는 프로그램을 작성하시오.

◎ 출력예

```
 ITEM PRICE
 shoe    75
  bag   230
```

소스

```
item = ["shoe", "bag"]
price = [75, 230]
print(" ITEM PRICE")
print(f"{item[0]:>5s} {price[0]:>5d}")
print(f"{item[1]:>5s} {price[1]:>5d}")
```

설명

- f"{변수 : >5d}"

">5d"라는 형식의 의미는 5칸의 공간을 확보하여 정수로 된 해당 변수의 값을 오른쪽에 맞추어서 출력하라는 것이다. 여기서 d는 정수를 나타내는 digit의 약자이다. 정수의 경우 d를 사용하고, 실수의 경우 float의 약자인 f, 문자열의 경우 string의 약자 s를 사용하면 된다.

만일 이미 길이가 확보할 공간보다 크거나 같다면 칸을 의미하는 값은 무시된다. 실수의 경우 위에서 익힌 소수점 형식과 함께 사용하는 것도 가능하다.

서식 문자	자료형
d	정수
f	실수
s	문자열

f"{변수 : >3d}" # 세 칸의 공간을 확보하여 정수를 오른쪽에 맞추어 출력

f"{변수 : >6s}" # 여섯 칸의 공간을 확보하여 문자열을 오른쪽에 맞추어 출력

f"{변수 : >5.1f}" # 다섯 칸의 공간을 확보하여 실수를 오른쪽에 맞추어 소수점 아래 한 자리까지 출력

자가 진단 6

다음과 같이 출력되는 프로그램을 작성하시오.(각 데이터들은 10칸씩 공간을 확보하여 오른쪽으로 정렬하여 출력한다)

◎ 출력예

```
      item     count     price      rate
       pen        20       100      50.5
      note         5        95      35.3
    eraser       110        97      14.2
```

Q10-7 시와 분을 입력받아 출력예와 같은 형식으로 시간을 출력하는 프로그램을 작성하시오.

ⓘ 입력예	7 3
ⓞ 출력예	07:03

소스

```
hour = int(input())
minute = int(input())
print(f"{hour:02d}:{minute:02d}")
```

설명

- f"{변수:02d}"

"02d"라는 형식의 의미는 출력할 정수를 오른쪽 두 칸을 확보하며, 앞의 공백을 0으로 대신 채우라는 의미이다. f"{변수 : }2d}"와 다른 점은 변수의 값이 한 자리의 숫자로 이루어진 경우 공백 한 개와 숫자가 출력되는 반면 위의 형식은 공백대신 0이 출력된다.
위와 같은 형식으로 시간을 출력해야 하는 경우 매우 편리하게 적용할 수 있다.

자가진단 7

시와 분을 입력받아 출력예와 같은 형식으로 출력하는 프로그램을 작성하시오. (12시 이상인 경우 뒤에 PM을 출력하고, 그렇지 않은 경우에는 AM을 출력하되 13시 이상인 경우 시에서 12시를 뺀 값을 출력한다.)

ⓘ 입력예 1	17 35	ⓘ 입력예 2	9 10
ⓞ 출력예 1	05 : 35 PM	ⓞ 출력예 2	09 : 10 AM

Q10-8 입력받은 문자열의 모든 문자를 콤마(,)로 분리하여 출력하는 프로그램을 작성하시오.

ⓘ 입력예	coffee
ⓞ 출력예	c,o,f,f,e,e

소스

```
A = input().strip()
A = list(A)
print(','.join(A))
```

설명

• `A = list(A)`

입력받은 문자열을 리스트화시킨다. 문자열을 list()함수로 감싸게 되면 해당 문자열의 모든 문자가 분리되어 리스트가 된다. list("coffee")는 ['c', 'o', 'f', 'f', 'e', 'e']가 된다.

• `print(','.join(A))`

''.join() 함수는 괄호안에 들어가는 리스트의 각 문자열 원소들을 모두 붙여서 새로운 문자열을 만들게 되는데, 이때 ''에 들어가는 문자열을 그 사이사이에 집어넣는다. 만약 ''에 아무것도 작성하지 않는다면, 그냥 문자가 모두 붙고 끝난다.

''.join(['c', 'o', 'f', 'f', 'e', 'e'])는 "coffee"가 된다.

'~~'.join(['c', 'o', 'f', 'f', 'e', 'e'])는 "c~~o~~f~~f~~e~~e"가 된다.

자가진단 8-1

전화번호 앞 자리, 중간 자리, 뒷 자리를 입력받아 완성된 전화번호를 출력하는 프로그램을 작성하시오.

ⓘ 입력예

010
1234
5678

ⓞ 출력예

010-1234-5678

자가진단 8-2

생년월일을 입력받아 출력예와 같이 출력하는 프로그램을 작성하시오.

ⓘ 입력예

2010 10 20

ⓞ 출력예

2010/10/20

Q10-9 문자열 A와 B를 입력받고, A를 세 번 연속하여 붙였을 때, B가 해당 문자열에 속하는지 알아보고, 만약 있다면 A와 B를 붙여 출력하고, 아니라면 B를 두 번 연속하여 붙여 출력하는 프로그램을 작성하시오.

ⓘ 입력예	bana nabanaba
ⓞ 출력예	bananabanaba

소스

```
A , B = input ().split ()
if B in A * 3:
    print(A + B)
else :
    print(B * 2)
```

설명

- `if B in A * 3:`

문자열에 정수를 곱하면 해당 문자열이 반복되어 새로운 문자열이 생성된다. 예를 들어 "abc" * 2의 경우 "abcabc"가 된다.
in 문법은 X in Y와 같이 썼을 때, X가 Y에 포함되면 True, 아니면 False가 된다. A * 3이 "banabanabana"이고, B는 "nabanaba"이므로 B가 A * 3에 포함되어 True가 되어 if문 블록의 코드가 실행된다.

- `A + B`

문자열은 더하면 붙게 된다. 예를 들어 "Ace"와 "Two"를 더하면 "AceTwo"가 된다.

이미 소개한 바 있지만 문자열의 곱과 합 연산자를 이용하면 아래 코드와 같이 반복제어문3에서 배운 별찍기도 간단하게 하는 것이 가능해진다.

코드	출력

`N = 3`
`for i in range(1, N+1):`
`    print(' ' * (N-i) + '*' * (i))`
	`  *`
	` **`
	`***`

자가진단 9

정올이의 컴퓨터에는 문자열로 이루어진 비밀번호가 설정돼 있다.
컴퓨터를 열기 위해서 문자열을 입력하면 입력된 문자열에 컴퓨터의 비밀번호가 포함되어 있으면 컴퓨터가 열린다.
그러한 사실을 알게된 해커 이썬이는 어떠한 문자열 패턴을 반복해서 입력하려고 한다. 문자열 패턴을 다섯 번 반복하여 입력했을 때 정올이의 컴퓨터가 열리는지 알아내는 프로그램을 작성하시오.
정해진 비밀번호와 이썬이가 사용한 문자열 패턴은 입력으로 주어진다.

ⓘ 입력예 1

```
efabcdefa
cdefab
```

ⓞ 출력예 1

```
YES
```

hint:
'cdefab' * 5 = 'cdefabcdefabcdefabcdefabcdefab'

ⓘ 입력예 2

```
bca
abcdefg
```

ⓞ 출력예 2

```
NO
```

형성평가 문제

1 하나의 문자열을 입력받아 문자 사이에 '-' 문자를 넣어 거꾸로 출력하는 프로그램을 작성하시오.

ⓘ 입력예　APPLE

ⓞ 출력예　E-L-P-P-A

2 학생의 이름을 입력받아 다음과 같이 출력하는 프로그램을 작성하시오.

ⓘ 입력예　Minsoo

ⓞ 출력예　Minsoo's score 'perfect'

3 삼각형의 밑변과 높이의 길이를 입력받아 넓이를 출력하는 프로그램을 작성하시오. (넓이는 소수 둘째자리에서 반올림하여 소수 첫째 자리까지만 출력한다)

ⓘ 입력예

```
4.5
5.5
```

ⓞ 출력예　12.4

4 다음과 같이 각 문자열을 10칸을 확보해 오른쪽에 맞춰 출력하는 프로그램을 작성하시오.

ⓞ 출력예

```
      name   subject
    minsoo      math
   chulsoo   science
```

5 이름, 키, 몸무게를 입력받아 다음과 같이 출력하는 프로그램을 작성하시오. (몸무게는 소수 둘째 자리까지 출력한다)

ⓘ 입력예

```
mina 165 55.5
```

ⓞ 출력예

```
NAME: mina
HEIGHT: 165cm
WEIGHT: 55.50kg
```

6 문자열 하나를 입력받아 문자 사이사이에 마침표를 넣어 출력하는 프로그램을 작성하시오.

ⓘ 입력예

```
Jungol Olympiad
```

ⓞ 출력예

```
J.u.n.g.o.l. .O.l.y.m.p.i.a.d
```

7 문자열 하나를 입력받아 거꾸로 순회하여 출력하고 다시 원래대로 출력하는 프로그램을 작성하시오.

ⓘ 입력예

```
PYTHON
```

ⓞ 출력예

```
NOHTYP
PYTHON
```

11 CHAPTER 리스트2

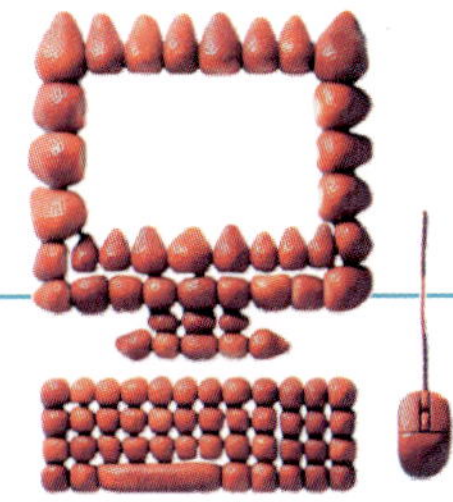

Q11-1 첫 번째 줄에는 문자열 리스트, 두 번째 줄에는 정수 리스트, 세 번째 줄에는 실수 리스트를 입력받아 각각 리스트 형태로 출력하는 프로그램을 작성하시오.

ⓘ 입력예

```
Plus Minus Multiply Divide
1 2 3 4 5 6 7 8
1.13 5.18 6.25
```

ⓞ 출력예

```
['Plus', 'Minus', 'Multiply', 'Divide']
[1, 2, 3, 4, 5, 6, 7, 8]
[1.13, 5.18, 6.25]
```

소스

```python
A = input().split()
B = list(map(int, input().split()))
C = list(map(float, input().split()))
print(A)
print(B)
print(C)
```

설명

- `input().split()`

split()은 공백을 기준으로 문자열을 분리하여 리스트로 만드는 함수이다.

• `list(map(int, input().split()))`

map(**적용함수**, **리스트**)는 **리스트**의 모든 원소에 **적용함수**를 각각 적용시키는 문법이다. 예를 들어 map(int, ['1', '2', '3'])의 경우 int('1'), int('2'), int('3')과 같은 코드로 볼 수 있다. 다만, map() 함수는 이를 리스트로 다시 만들어 주는게 아니라 map object로 저장한다. 따라서, 우리가 다시 리스트로 사용하기 위해서는 list() 함수를 이용해 다시 리스트로 만들어 주어야 한다.

해당 이미지는 list(map(int, input().split())) 코드의 실행 순서를 세부적으로 나타낸다. 만약 1 2 3 4 5가 입력으로 주어진다고 하면 아래와 같은 순서로 코드가 실행된다.

① 우선 input()이 실행되며 한줄의 입력을 받아 문자열 상태이다.

```
B = input()
```

결과 : "1 2 3 4 5"

② 그 다음 split()함수가 문자열을 공백을 기준으로 쪼개어 리스트로 만든다.

```
B = B.split()
```

결과 : ["1", "2", "3", "4", "5"]

③ map()함수가 만들어진 리스트의 각 원소에 int()함수를 적용시킨다.

```
B = map(int, B)
```

과정 : int("1"), int("2"), int("3"), int("4"), int("5")

결과 : 1, 2, 3, 4, 5 (map object 상태)

④ map으로 만들어진 값들은 우리가 사용하기 불편한 map object 상태이므로 list()함수를 통해 이를 리스트로 바꾸어 저장한다.

```
B = list(B)
```

결과 : [1, 2, 3, 4, 5]

따라서 `B = list(map(int, input().split()))` 함수는 다음과 같이 여러 개의 함수를 하나로 묶은 것과 같다.

```
B = input()
B = B.split()
B = map(int, B)
B = list(B)
```

자가 진단 1

다섯개의 정수 리스트를 입력받아 입력받은 리스트를 다음과 같이 리스트 형태로 출력하고, 각각의 원소를 출력하고 원소들의 합계를 출력하는 프로그램을 작성하시오.

ⓘ 입력예

```
1 2 3 4 5
```

ⓞ 출력예

```
[1, 2, 3, 4, 5]
1 2 3 4 5
hap = 15
```

Q11-2 1에서 10 사이의 정수를 반복하여 입력하다 범위를 벗어나는 입력이 주어지면 지금까지 나온 각 숫자의 개수를 출력하는 프로그램을 작성하시오.

ⓘ 입력예

```
10
3
10
2
0
```

ⓞ 출력예

```
2: 1
3: 1
10: 2
```

소스

```
cnt = [0]*11
while True:
    num = int(input())
    if num < 1 or num > 10:
        break
    cnt[num]+=1

for i in range(1, 11):
    if cnt[i]==0:
        continue
    print(f"{i}: {cnt[i]}")
```

설명

- `cnt = [0]*11`

cnt[0] 부터 cnt[10]까지 11개의 원소가 0으로 초기화된 리스트를 만든다. cnt[1]은 1의 개수를 세는 변수이고, cnt[2]는 2의 개수를 세는 변수이다.

- ```
  if num < 1 or num > 10:
      break
  ```
  ```

입력받은 num값이 1~10의 범위를 벗어나면 반복문을 종료시켜 더이상 입력을 받지 않고, 개수도 추가하지 않는다.

- `cnt[num]+=1`

입력받은 num의 개수를 증가시켜준다. num이 1이라면 1의 개수를 세는 cnt[1]이 1 증가하고, num이 10이라면 10의 개수를 세는 cnt[10]의 값이 1 증가한다.

-
```
for i in range(1, 11):
    if cnt[i]==0:
        continue
    print(f"{i}: {cnt[i]}")
```

i가 1에서 10까지 반복을 돌면서 숫자 i가 한 번도 입력되지 않아 cnt[i]의 값이 0이면 그냥 넘어가고, 아니면 i와 i의 개수를 출력한다.

-
```
for i in range(1, 11):
    if cnt[i]!=0:
        print(f"{i}: {cnt[i]}")
```

이 코드와 동일한 코드지만, if문 안에 코드가 길어지게 된다면 continue를 사용하는 것이 가독성에 더 도움을 줄 수 있다.

자가진단 2

정수 리스트를 입력받아 입력된 정수의 일의 자리 숫자가 각각 몇 개인지 작은 수부터 출력하는 프로그램을 작성하시오. (일의 자리가 한 개도 없는 숫자는 출력하지 않는다.)

ⓘ 입력예

```
10 55 123 63 85 61 125
```

ⓞ 출력예

```
0 : 1
1 : 1
3 : 2
5 : 3
```

Q11-3 1부터 10까지의 정수를 순서대로 원소로 저장한 리스트와 역순으로 저장된 리스트를 생성하여 두 리스트를 출력하는 프로그램을 작성하시오.

◎ 출력예

```
[1, 2, 3, 4, 5, 6, 7, 8, 9, 10]
[10, 9, 8, 7, 6, 5, 4, 3, 2, 1]
```

소스 1

```python
A = list(range(1, 11))
B = list(range(10, 0, -1))
print(A)
print(B)
```

설명 1

- `A = list(range(1, 11))`

1부터 10까지의 숫자를 포함하는 리스트를 생성한다. range(1, 11) 함수는 1부터 시작하여 11 바로 전인 10까지의 정수를 생성하는데, 이 범위의 정수들을 list() 함수를 사용하여 리스트로 변환한다.

결과적으로 A는 [1, 2, 3, 4, 5, 6, 7, 8, 9, 10]이라는 리스트가 된다.

소스 2

```python
A = [i for i in range(1, 11)]
B = [i for i in range(10, 0, -1)]
print(A)
print(B)
```

설명 2

- 리스트 내포(List Comprehension)

리스트 내포는 간결하게 리스트를 생성할 수 있는 방법으로, 일반적인 반복문보다 짧고 읽기 쉬운 코드를 작성할 수 있다.

• A = [i for i in range(1, 11)]

파이썬의 리스트 내포(list comprehension)를 사용하여 1부터 10까지의 숫자를 포함하는 리스트 A를 생성한다.
i for i in range(1, 11) 부분은 range(1, 11) 함수를 통해 1부터 10까지의 숫자를 생성하고, 각 숫자를 i로 지정하여 리스트에 추가한다.
결과적으로 A 리스트는 [1, 2, 3, 4, 5, 6, 7, 8, 9, 10]이 된다.

자가진단 3

정수 N을 입력받아 1에서 N까지 정수 중 홀수들만 내림차순으로 저장된 리스트를 만들어서 출력하는 프로그램을 작성하시오.

ⓘ 입력예　15

ⓞ 출력예　[15, 13, 11, 9, 7, 5, 3, 1]

Q11-4 "Rose", "SunFlower", "Tulip", "Carnation" 중 단어의 길이가 5 이하인 꽃들만을 저장하는 리스트를 만들어 출력하는 프로그램을 작성하시오.

◎ 출력예 ['Rose', 'Tulip']

소스 1

```
flowers = ["Rose", "SunFlower", "Tulip", "Carnation"]
short_flowers = []
for flower in flowers:
    if len(flower) <= 5:
        short_flowers.append(flower)
print(short_flowers)
```

소스 2

```
flowers = ["Rose", "SunFlower", "Tulip", "Carnation"]
short_flowers = [flower for flower in flowers if
len(flower) <= 5]
print(short_flowers)
```

설명

– 리스트 내포(List Comprehension)의 기본구조

리스트 내포의 기본구조는 다음과 같다.

[표현식 for 항목 in 반복가능객체 if 조건문]

이 구조를 사용하여, 반복 가능한 객체에서 요소를 추출하고, 조건문을 만족하는 요소에 대해 표현식을 적용한 결과를 새로운 리스트에 저장한다.

- flowers = ["Rose", "SunFlower", "Tulip", "Carnation"]

flowers 리스트에 있는 각각의 요소(꽃 이름)를 순회하면서, 그 요소의 길이가 5 이하인 경우에만 새로운 리스트 short_flowers에 추가한다.

리스트 내포를 이용하면 조건문을 추가하여 조건문을 만족하는 요소에 대해 표현식을 적용한 결과를 새로운 리스트에 저장할 수 있다.
조건에 맞는 원소들을 저장하는 두 개의 코드를 비교해보면 리스트배포를 이용한 코드의 장점을 확인할 수 있다.

기존 코드	리스트 내포

B = []
for a in A:
    if len(a) <= 5:
        B.append(a)
	B = [a for a in A if len(a) <= 5]

자가
진단
4

N개의 정수를 리스트로 입력받아 3의 배수 또는 5의 배수인 정수들만으로 새로운 리스트를 생성하여 새로 생성된 리스트를 출력하고, 그 원소들의 합계를 출력하는 프로그램을 작성하시오.

ⓘ 입력예

```
3 8 5 10 17 26 35 41
```

ⓞ 출력예

```
[3, 5, 10, 35]
합계: 53
```

Q11-5 2행 3열의 2차원 리스트를 입력받아, 전체 리스트를 출력하고, 각 행 단위로 리스트를 출력하고, 각 원소를 2행 3열에 맞추어 출력하는 프로그램을 작성하시오.

ⓘ 입력예

```
10 20 30
40 50 60
```

◎ 출력예

```
[[10, 20, 30], [40, 50, 60]]
[10, 20, 30]
[40, 50, 60]
10 20 30
40 50 60
```

소스

```python
A = []
for i in range(2):
    list(map(int, input().split()))
    A.append(a)

print(A)
for a in A:
    print(a)

forin range(2):
    forin range(3):
        print(A[i][j], end=" ")
    print()
```

설명

– 2행 3열의 리스트

리스트가 2행이라는 의미는 해당 리스트에 두 개의 1차원 리스트가 저장되었다는 의미다. 다른 말로는 해당 2차원 리스트의 각 원소 두 개가 1차원 리스트라는 의미이다. 이 때, 3열이라 하면 저장된 두 개의 1차원 리스트의 길이가 각각

3이라는 뜻이다.
즉, R행 C열의 리스트라 하면 C 크기의 리스트 R개가 저장된 리스트라고 볼 수 있다.

- `list(map(int, input().split()))`
  `A.append(a)`

리스트를 입력받아 A 리스트에 추가한다.
즉, A 리스트의 마지막에 새로운 열의 리스트가 추가되는 것이다.

- `A[i][j]`

2차원 리스트의 인덱싱은 A[행의 인덱스][열의 인덱스]와 같이 접근하면 된다.

A = [[10, 20, 30], [40, 50, 60]]

	0열	1열	2열
0행	A[0][0] **10**	A[0][1] **20**	A[0][2] **30**
1행	A[1][0] **40**	A[1][1] **50**	A[1][2] **60**

이미지와 같이 첫 번째 행인 0행의 세 번째 열인 2열을 접근하기 위해서는 A[0][2]로 접근이 가능하다.

자가 진단 5-1

4행 5열의 리스트를 출력 예와 같이 생성하고, 각 수를 오른쪽으로 밀어 2칸을 확보하고, 각 수 사이의 공백을 3칸으로 맞춰 출력하는 프로그램을 작성하시오.
(hint: {:>2d})

ⓞ 출력예

```
 1    2    3    4    5
 6    7    8    9   10
11   12   13   14   15
16   17   18   19   20
```

자가 진단 5-2

출력 예와 같은 문자를 원소로 갖는 3행 3열의 리스트를 생성하여 출력하는 프로그램을 작성하시오.

◎ 출력예

```
['A', 'B', 'C']
['D', 'E', 'F']
['G', 'H', 'I']
```

Q11-6 3행 5열의 모든 원소가 0인 리스트를 생성하고, 0행 0열, 1행 1열, 2행 ,2열, 1행 3열, 0행 4열의 값을 각각 1,2,3,4,5로 바꾼 후 출력하는 프로그램을 작성하시오.

◎ 출력예

```
1 0 0 0 5
0 2 0 4 0
0 0 3 0 0
```

소스

```
A = [[0]*5 for _ in range(3)]
A[0][0] = 1
A[1][1] = 2
A[2][2] = 3
A[1][3] = 4
A[0][4] = 5
for i in range(3):
    for j in range(5):
        print(A[i][j], end=" ")
    print()
```

설명

• `A = [[0]*5 for _ in range(3)]`

A[0], A[1], A[2]를 각각 [0, 0, 0, 0, 0]으로 만든다. 즉, A = [[0, 0, 0, 0, 0], [0, 0, 0, 0, 0], [0, 0, 0, 0, 0]]와 같다.

• `A[1][3] = 4`

리스트 A의 1행 3열의 값을 4로 바꾼다. 즉, 두 번째 줄의 네 번째 값을 4로 바꾼다는 의미이다.

자가 진단 6

3행 3열의 리스트의 원소들을 입력받아 각행의 합계와 열의 합계를 다음과 같이 출력하는 프로그램을 작성하시오.

ⓘ 입력예

```
3 5 4
2 6 7
8 10 1
```

ⓞ 출력예

```
row_sum : 12 15 19
column_sum : 13 21 12
```

Q11-7

3행 2열의 두 리스트 A와 B의 값들을 입력받아 두 배열의 각 행과 열의 합을 새로운 리스트에 저장하고 각 원소들을 2차원 형태로 출력하는 프로그램을 작성하시오.

ⓘ 입력예

```
1 2
3 4
5 6
20 40
70 90
30 60
```

ⓞ 출력예

```
21 42
73 94
35 66
```

소스

```python
A = [list(map(int, input().split())) for in range(3)]
B = [list(map(int, input().split())) for in range(3)]
ans = [[0]*2 for _ in range(3)]
for i in range(3):
    for j in range(2):
        ans[i][j] = A[i][j] + B[i][j]

for i in range(3):
    for j in range(2):
        print(ans[i][j], end=" ")
    print()
```

설명

- 세 리스트 A, B, ans의 상태는 아래와 같다.

A	B	ans 계산 전	ans 계산 후
[[1, 2], [3, 4], [5, 6]]	[[20, 40], [70, 90], [30, 60]]	[[0, 0], [0, 0], [0, 0]]	[[21, 42], [73, 94], [35, 66]]

자가 진단 7

2행 4열의 리스트 두 개를 입력받고 두 리스트의 각 위치의 곱을 새로운 리스트에 저장한 후 새로운 리스트를 행렬로 출력하는 프로그램을 작성하시오.

ⓘ 입력예

```
1 2 3 1
3 4 2 5
10 20 10 30
20 10 30 40
```

ⓞ 출력예

```
[10, 40, 30, 30]
[60, 40, 60, 200]
```

Q11-8 아래와 같은 파스칼 삼각형을 출력하는 프로그램을 작성하시오. 파스칼 삼각형은 첫 번째 줄 첫 번째 행을 1로 초기화한 후 다음 줄부터는 바로 위의 값과 바로 위 왼쪽의 값을 더한 값이 된다.

◎ 출력예

```
1
1 1
1 2 1
1 3 3 1
1 4 6 4 1
```

소스

```python
A = [[0]*6 for _ in range(6)]
A[1][1] = 1
for i in range(2, 6):
    for j in range(1, 6):
        A[i][j] = A[i-1][j-1] + A[i-1][j]
for i in range(1, 6):
    for j in range(1, i+1):
        print(A[i][j], end=" ")
    print()
```

설명

- `A = [[0]*6 for _ in range(6)]`
  `A[1][1] = 1`

6행 6열의 리스트의 모든 값을 0으로 초기화하고 1행 1열을 1로 초기화한다. 즉, 1행 1열부터 5행 5열까지 파스칼 삼각형을 채울 계획이다. 0행 0열을 1로 초기화하고 진행하는 것도 가능하지만, 여섯 번째 줄에 A[i-1][j-1]를 보면 j-1을 접근하기에 0번 인덱스를 채우기 위해서는 음수 인덱스를 예외처리해야 한다. 이는 불편하고 코드가 길어지기에 0번 인덱스를 사용하지 않고 1번 인덱스부터 사용하는 것이다.

```
• for i in range(2, 6):
    for j in range(1, 6):
        A[i][j] = A[i-1][j-1] + A[i-1][j]
```

1행은 이미 초기화되었으므로 행을 나타내는 i가 2행부터 5행까지 차례로 실행된다. i행 j열의 값은 바로 좌측상단(i-1행 j-1열)의 값과, 바로 상단(i-1행 j열)의 값을 더한 값이 된다.

```
[[0, 0, 0, 0, 0, 0],
 [0, 1, 0, 0, 0, 0],
 [0, 1, 1, 0, 0, 0],
 [0, 1, 2, 1, 0, 0],
 [0, 1, 3, 3, 1, 0],
 [0, 1, 4, 6, 4, 1]]
```

결과적으로 리스트 A는 위와 같은 형태로 채워지게 된다.

자가진단 8

반복문을 이용하여 리스트에 아래와 같이 저장한 후 출력하는 프로그램을 작성하시오.

◎ 출력예

```
1 1 1 1 1
1 2 3 4 5
1 3 6 10 15
1 4 10 20 35
1 5 15 35 70
```

hint:
바로 위의 값과 바로 왼쪽의 값을 더한 것이다.
리스트[0][1] 또는 리스트[1][0]을 1로 초기화하고 리스트[1][1]부터 리스트[5][5]까지 식을 세워 구하면 된다.
첫 번째 행을 모두 1로 초기화하고 두 번째 행부터 채워나가도 된다.

형성평가 문제

1 문자, 정수, 실수 리스트를 각각 한 줄씩 입력받아 출력하는 프로그램을 작성하시오.

ⓘ 입력예

```
A B C D
1 2 3 4 5
3.14 1.42 5.6
```

ⓞ 출력예

```
['A', 'B', 'C', 'D']
[1, 2, 3, 4, 5]
[3.14, 1.42, 5.6]
```

2 가람이는 주사위를 6번 던져서 각 숫자가 몇 번씩 나왔는지 알아보려고 한다. 다음과 같이 주사위의 숫자를 입력받아 숫자가 몇 번씩 나왔는지 출력하는 프로그램을 작성하시오.

ⓘ 입력예

```
5
6
3
1
5
5
```

ⓞ 출력예

```
1: 1
2: 0
3: 1
4: 0
5: 3
6: 1
```

3 학생들의 점수를 입력받아 점수를 10점 단위로 구분하여 점수대 별 학생 수를 출력하는 프로그램을 작성하시오.

ⓘ 입력예

```
80 100 76 64 88
```

ⓞ 출력예

```
100: 1 person
80: 2 person
70: 1 person
60: 1 person
```

4 10 미만의 자연수 두 개를 입력받아 첫 번째 항과 두 번째 항을 입력받은 수로 초기화시킨 후 세 번째 항부터는 전전항과 전항의 합을 구하여 그 합의 1의 자리로 채워서 차례로 10개를 출력하는 프로그램을 작성하시오.

ⓘ 입력예

```
3 5
```

ⓞ 출력예

```
3 5 8 3 1 4 5 9 4 3
```

5 2차원 리스트를 생성하여 1행의 1열과 3열, 5열을 각각 1로 나머지는 모두 0으로 초기화한 후 2행부터는 바로 전행의 왼쪽열과 오른쪽열의 값을 더하여 채운 후 출력하는 프로그램을 작성하시오.

ⓞ 출력예

```
1 0 1 0 1
0 2 0 2 0
2 0 4 0 2
0 6 0 6 0
6 0 12 0 6
```

6 3행 5열 대문자를 입력받아 소문자로 바꾸어서 출력하는 프로그램을 작성하시오.

ⓘ 입력예

```
A B C D E
F G H I J
K L M N O
```

ⓞ 출력예

```
a b c d e
f g h i j
k l m n o
```

7 행의 크기 N을 입력받아 파스칼 삼각형을 작성하여 마지막 행부터 첫 번째 행까지 차례로 출력하는 프로그램을 작성하시오. (2≦N≦10)

ⓘ 입력예

```
6
```

ⓞ 출력예

```
1 5 10 10 5 1
1 4 6 4 1
1 3 3 1
1 2 1
1 1
1
```

12
CHAPTER

기타 자료형

Q12-1 출력 예와 같이 여러 가지 방법으로 튜플을 초기화하여 출력하는 프로그램을 작성하시오.

◎ 출력예

```
tuple A: (10, 20, 30)
tuple B: (1, 2, 3)
tuple C: (3,)
tuple D: ()
tuple E: ()
tuple F: (3,)
tuple G: ('John', 27)
```

소스

```
A = (10, 20, 30)
B = 1, 2, 3
C = (3,)
D = ()
E = tuple()
num = 3
F = (num,)
G = ("John", 27)

print("tuple A:", A)
print("tuple B:", B)
print("tuple C:", C)
```

```
print("tuple D:", D)
print("tuple E:", E)
print("tuple F:", F)
print("tuple G:", G)
```

설명

- **튜플(Tuple)**

튜플은 리스트와 마찬가지로 여러 개의 데이터를 저장하는데 사용된다. 다만, 튜플은 한 번 생성하면 **수정이 안된다.** 그 외 인덱싱, 슬라이싱, 더하기, 곱하기, 길이 구하기 등의 문법은 모두 리스트와 동일하다.

- `A = (10, 20, 30)`

리스트는 대괄호([])로 나타내는 것과 같이 튜플은 소괄호(())를 사용해서 나타낼 수 있다.

- `B = 1, 2, 3`

튜플의 경우 괄호를 사용하지 않고 만드는 것도 가능하다. 콤마(,)로 여러 데이터를 함께 쓰게 되면 컴퓨터는 이를 튜플로 만든다.
a, b = 3, 4와 같이 작성을 한다면 튜플 (3, 4)를 우선 생성하고, a에 0번 인덱스의 값인 3을, b에 1번 인덱스의 값인 4를 순서대로 대입시키게 된다. 이러한 원리로 인하여 a, b = b, a를 사용하면 두 값이 문제없이 바뀌게 되는 것이다.

- `C = (3,)`

만약 원소가 하나인 튜플을 만들고자 한다면 (3)이 아닌 (3,)와 같이 콤마(,)를 넣어줘야 한다.

- `D = ()`

비어있는 리스트를 []로 만들듯 튜플도 ()로 만드는 것이 가능하다.

- `E = tuple()`

비어있는 리스트를 list()로 만들듯 튜플도 tuple()로 만드는 것이 가능하다.

• `num = 3`
  `F = (num,)`

상수를 넣는 것 뿐 아니라 변수를 넣어 튜플을 만드는 것도 가능하다. 이 경우에도 원소의 개수가 하나라면 콤마(,)는 필수적이며, (num1, num2)와 같이 원소의 수가 두 개 이상인 경우 마지막에는 콤마(,)가 필요하지 않다.

• `G = ("John", 27)`

리스트와 마찬가지로 서로 다른 자료형을 넣어서 튜플을 만드는 것도 가능하다.

자가진단 1

이름과 나이를 입력받아 입력받은 사람의 이름과 나이가 저장된 튜플을 만들어 출력하는 프로그램을 작성하시오.

ⓘ 입력예

```
David
35
```

ⓞ 출력예

```
('David', 35)
```

Q12-2

1, 2, 3, 4를 원소로 갖는 리스트 A를 튜플로 만들고 다시 튜플에서 리스트로 만들고, 튜플에서 인덱싱으로 네 번째 자료를 출력하고, 슬라이싱을 하여 두 번째부터 세 번째 자료까지 출력하는 프로그램을 프로그램을 작성하시오.

◎ 출력예

```
list: [1, 2, 3, 4]
list -> tuple: (1, 2, 3, 4)
tuple -> list: [1, 2, 3, 4]
indexing: 4
slicing: (2, 3)
```

소스

```python
A = [1, 2, 3, 4]
B = tuple(A)
C = list(B)
print("list:", A)
print("list -> tuple:", B)
print("tuple -> list:", C)
print("indexing:", B[3])
print("slicing:", B[1:3])
```

설명

- `B = tuple(A)`

tuple()함수를 사용하면 리스트와 같은 다른 자료형을 튜플로 만들 수 있다.

- B[3], B[1:3] 과 같이 튜플도 리스트와 같은 방법으로 인덱싱과 슬라이싱이 가능하다.

자가 진단 2

1, 3, 5, 7, 9를 원소로 갖는 튜플을 만들고, 두 정수 s, e를 입력받아 인덱스 s부터 e까지 슬라이싱한 튜플을 출력하는 프로그램을 작성하시오.

ⓘ 입력예 1 3

ⓞ 출력예 (3, 5, 7)

Q12-3 열 개의 정수를 한 줄로 입력받아 리스트로 저장한 후, 리스트의 중복된 수들이 제거된 집합을 만들어 출력하는 프로그램을 작성하시오.

ⓘ 입력예	12 41 15 41 21 21 12 12 9 9
ⓞ 출력예	{41, 9, 12, 15, 21}

소스

```
A = list(map(int, input().split()))
B = set(A)
print(B)
```

설명

• **set 자료형**

셋은 중복 값을 허용하지 않으며 순서가 보장되지 않는 자료형이다. set은 집합을 표현하며, 합집합, 교집합, 차집합 등의 연산이 가능하다. 그리고 순서가 보장되지 않기 때문에 인덱스의 사용은 불가능하다.

• `B = set(A)`

set 자료형은 set(list), set(tuple)과 같이 리스트나 튜플 등을 변환시켜 만들거나, 그냥 set()함수를 이용하여 비어있는 set을 만드는 방법이 있다.

함수	설명
set.add(값)	set에 값을 추가한다.
set.remove(값)	set에 값이 있으면 제거하고, 없으면 에러를 발생시킨다.
set.discard(값)	set에 값이 있으면 제거하고, 없으면 무시된다.
set.clear()	set의 모든 원소를 제거한다.
len(set)	set의 길이를 반환한다. (set에 들어있는 원소의 수)
set.copy()	set의 모든 원소를 복사하여 새로운 set을 반환한다.

자가 진단 3-1

집합 A = {1, 2, 3, 4, 5}를 만든 후, 첫 번째 줄에 정수 2개를 입력받아 A에 추가한 후 A를 출력한다. 두 번째 줄에 1과 3을 제거한 후 A를 출력한다. 그리고 세 번째 줄에는 정수를 하나 추가로 입력받아 A에서 해당 정수가 있으면 제거한 후 출력하는 프로그램을 작성하시오.

ⓘ 입력예

```
6 7
8
```

ⓞ 출력예

```
A = {1, 2, 3, 4, 5, 6, 7}
A = {2, 4, 5, 6, 7}
A = {2, 4, 5, 6, 7}
```

자가 진단 3-2

정수 10개를 입력받아 set 자료형을 이용하여 총 몇 종류의 수가 존재하는지 출력하는 프로그램을 작성하시오.

ⓘ 입력예

```
3 4 4 5 5 3 3 4 5 9
```

ⓞ 출력예

```
4
```

Q12-4 두 개의 set 자료형 three와 five를 선언하고, 여섯 개의 정수를 한 줄에 하나씩 입력받아 입력받은 정수가 3의 배수이면 three에, 5의 배수이면 five에 저장한다. 그 후, three와 five의 합집합과 교집합을 출력하는 프로그램을 작성하시오.

ⓘ 입력예	3 5 15 4 30 10
ⓞ 출력예	합집합(union): {3, 5, 10, 30, 15} 교집합(intersection): {30, 15}

소스

```
three = set()
five = set()
for i in range(6):
    num = int(input())
    if num % 3 == 0:
        three.add(num)
    if num % 5 == 0:
        five.add(num)
print("합집합(union):", three | five)
print("교집합(intersection):", three & five)
```

설명

- 입력이 끝난 후 각 set에는 아래와 같은 원소들이 저장된다.

three = {3, 21, 30, 15}

five = {10, 5, 30, 15}

집합 연산	벤다이어그램
– three | five 합집합(union)을 구하는 연산으로 three와 five의 모든 원소들이 들어있는 set을 반환한다.	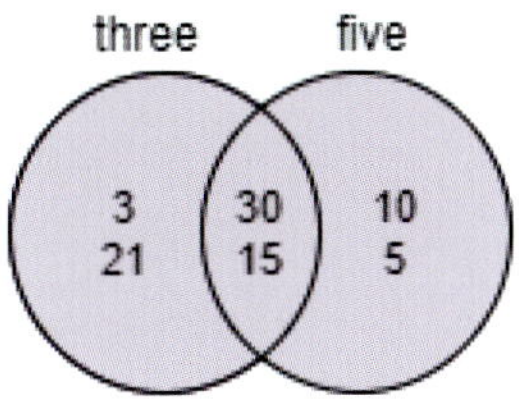
– three & five 교집합(intersection)을 구하는 연산으로 three와 five의 원소들 중 중복되는 원소들만 있는 set을 반환한다.	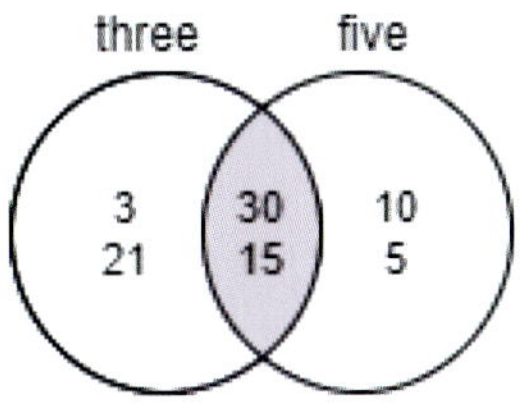
– three – five 차집합(difference)을 구하는 연산으로 three에서 five에 있는 원소들을 제외한 set을 반환한다.	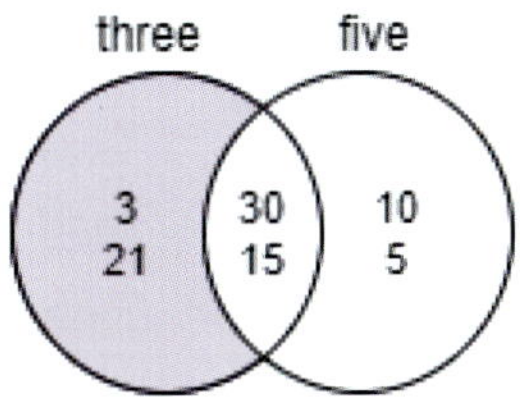
– three ^ five 대칭차집합(symmetric difference)을 구하는 연산으로 three와 five의 중복되지 않는 원소들만을 갖는 set을 반환한다. 합집합과 교집합의 차집합과 같다 (three | five) - (three & five)	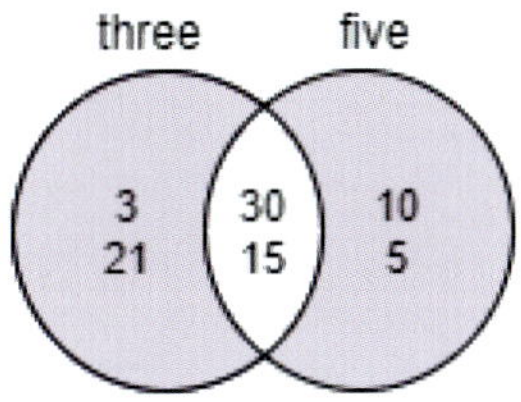

자가진단 4-1

두 집합 A = {1, 2, 3, 4, 5}와 B = {3, 4, 5, 6, 7}을 만든 후, 교집합, 합집합, 차집합을 구하여 출력하는 프로그램을 작성하시오.

ⓞ 출력예

```
A & B = {3, 4, 5}
A | B = {1, 2, 3, 4, 5, 6, 7}
A - B = {1, 2}
B - A = {6, 7}
```

자가진단 4-2

정올이는 김치볶음밥을 만들려고 한다.
정올이표 김치볶음밥에 필요한 재료가 첫 줄에 주어진다.
그리고 두 번째 줄에 현재 정올이가 가지고 있는 재료들이 주어진다.
정올이가 추가로 구매해야 하는 재료들을 출력하는 프로그램을 작성하시오.

ⓘ 입력예

```
rice kimchi onion egg bacon
ham bacon cheese egg sausage tomato
```

ⓞ 출력예

```
rice onion kimchi
```

Q12-5 서로 다른 다섯 종류의 과일의 이름을 한 줄에 입력받은 후, 그 다음줄에 입력으로 주어진 과일이 기존 다섯 과일 중에 존재하는지 판단하여 있으면 yes를, 없으면 no를 출력하는 프로그램을 작성하시오.

ⓘ 입력예 1	apple banana cherry durian elderberry berry
ⓞ 출력예 1	no
ⓘ 입력예 2	apple banana cherry durian elderberry durian
ⓞ 출력예 2	yes

소스

```
fruits = set(input().split())
fruit = input().strip()
if fruit in fruits:
    print('yes')
else:
    print('no')
```

설명

- `fruits = set(input().split())`

해당 코드는 아래 세 단계에 걸쳐 과일의 이름들이 담겨있는 셋이 된다.

코드	설명	결과
input()	한 줄의 문자열을 입력받는다.	"apple banana cherry durian elderberry"
input().split()	입력된 문자열을 공백을 기준으로 나눠 리스트에 저장한다.	['apple', 'banana', 'cherry', 'durian', 'elderberry']
set(input().split())	리스트를 셋으로 변환한다.	{'banana', 'elderberry', 'cherry', 'apple', 'durian'}

- `fruit in fruits`

in 연산자는 셋에 특정 값이 있는지 확인하여 있으면 True, 없으면 False를 반환한다.
이와 유사한 not in 연산자는 없으면 True, 있으면 False를 반환한다.

자가진단 5

A = [1, 'a', 2, 2, 'bb', 'bb', 3, 3, '3', 'ccc', 'ccc', 'ccc']로 초기값이 저장된 리스트를 생성하여 출력한 후, 리스트에서 중복을 제거한 후 출력하는 프로그램을 작성하시오. (☞ set으로 변환하면 중복이 제거되는 기능을 이용합니다.)

◎ 출력예

```
A = [1, "a", 2, 2, "bb", "bb", 3, 3, '3', "ccc", "ccc", "ccc"]
A = ['bb', 1, 2, 3, 'ccc', 'a', '3']
```

Q12-6 Alex의 국어, 영어, 수학 점수를 각각 95, 90, 80으로 저장하고, Bill의 국어, 영어, 수학 점수를 입력받아 딕셔너리로 저장한 후 출력하는 프로그램을 작성하시오.

ⓘ 입력예
```
95
85
90
```

ⓞ 출력예
```
Alex: {'korean': 95, 'english': 90, 'math': 80}
Bill: {'korean': 95, 'english': 85, 'math': 90}
```

소스

```python
Alex = {'korean': 95, 'english': 90, 'math': 80}
Bill = {}
Bill['korean'] = int(input())
Bill['english'] = int(input())
Bill['math'] = int(input())
print("Alex:", Alex)
print("Bill:", Bill)
```

설명

– 딕셔너리(dictionary)

dictionary는 키와 값의 쌍으로 구성된 자료형으로, 인덱스 대신 키의 값을 이용하여 리스트의 인덱스처럼 사용할 수 있다.
비어있는 dictionary를 만드는 방법은 중괄호({})를 이용하거나, dict()와 같이 함수를 이용할 수 있다.

리스트의 경우 인덱스는 0부터 차례대로 원소의 개수만큼 설정된다. (예 : 세 개의 값을 저장하면 인덱스는 0, 1, 2로 설정된다.)
그러나 dictionary는 위 소스코드와 같이 인덱스 대신 'korean', 'english', 'math'와 같은 문자열이나 정수 또는 실수 등을 키(key)값으로 사용하여 리스트의 인덱스처럼 사용하는 것이 가능하다.

단, 리스트와는 달리 딕셔너리는 인덱스에 해당하는 키값이 자동으로 설정되는 기능이 없기 때문에 키값을 반드시 정해주어야 한다. 즉, 딕셔너리에서 값을 저장하기 위해서는 키값을 함께 쌍으로 저장해야 한다는 의미이다.

함수 및 연산	설명
dictionary[key] = 값	dictionary에 키를 인덱스로 하는 값을 {키:값} 쌍으로 추가한다. 만일 해당 키가 이미 존재한다면 기존값이 새로 주어진 값으로 수정된다.
dictionary.keys(값)	딕셔너리의 모든 키를 반환한다.
dictionary.items(값)	딕셔너리의 모든 (키,원소)를 튜플로 묶어 반환한다.
dictionary.clear()	딕셔너리의 모든 원소를 제거한다.
len(dictionary)	딕셔너리의 길이를 반환한다.
dictionary.copy()	딕셔너리를 복사하여 반환한다.
dictionary.pop(key)	딕셔너리에서 키에 해당하는 원소를 제거하여 반환한다. 만약 해당하는 키가 존재하지 않으면 에러를 발생시킨다.
dictionary.pop(key, 기본값)	딕셔너리에서 키에 해당되는 원소를 제거하여 반환한다. 만약 해당하는 키가 존재하지 않으면 기본값을 반환한다.

자가진단 6

D = {"dog":1, "cat":2, "rabit":3}으로 세 종류의 동물을 번호와 함께 저장하고, 동물을 하나 입력받아 D에 없으면 추가한 후 D를 출력하고, 있으면 해당 동물의 번호를 출력하는 프로그램을 작성하시오.

ⓘ 입력예 1 pig

ⓞ 출력예 1 dic = {"dog":1, "cat":2, "rabbit":3, "pig":4}

ⓘ 입력예 2 cat

ⓞ 출력예 2 2

Q12-7 0 이상, 10 이하의 열 개의 실수를 한 줄에 입력받아 각 실수의 개수를 세는 프로그램을 작성하시오.

ⓘ 입력예	9.5 1.5 5.0 1.5 5.0 9.5 1.5 1.5 2.5 5.0
ⓞ 출력예	9.5: 2 1.5: 4 5.0: 3 2.5: 1

소스

```
nums = list(map(float, input().split()))
cnt=  {}
for num in nums:
    if num not in cnt:
        cnt[num] = 1
    else:
        cnt[num] += 1

for key in cnt:
    print(f"{key}: {cnt[key]}")
```

설명

-
```
if num not in cnt:
    cnt[num] = 1
else:
    cnt[num] += 1
```

만약 num이 cnt에 없는 키라면 {num : 1}을 저장하고, 이미 존재하는 키라면 해당 키에 해당하는 값을 1 증가시킨다. 만약 이러한 예외처리 없이 cnt[num] += 1만 한다면 cnt[num]이 존재하지 않는 경우 에러가 발생된다.

- `for key in cnt:`

딕셔너리를 for문으로 돌리게 되면 키:값 쌍 중 키를 기준으로 반복된다.

자가 진단 7

정수를 입력받아 입력받은 정수만큼 반복하면서, 각 줄에 나라의 이름과 그 나라의 수도를 공백을 사이에 두고 입력받는다. 그 후에 나라의 이름을 입력받아 그 나라의 수도를 출력하는 프로그램을 작성하라. 만약 나라가 입력된 적이 없으면, "Unknown Country"라 출력한다.

ⓘ 입력예

```
5
Korea Seoul
Russia Moscow
USA Washington_D.C
Britain London
Germany Berlin
Korea
```

ⓞ 출력예

```
Seoul
```

형성평가 문제

1 N명의 이름과 나이를 튜플로 묶어 리스트에 저장하여 출력하는 프로그램을 작성하시오.

ⓘ 입력예	3 Emma 33 Camila 56 Sofia 14
ⓞ 출력예	[('Emma', 33), ('Camila', 56), ('Sofia', 14)]

2 한 줄로 입력받은 정수들을 튜플로 저장하고 첫 번째 원소와 마지막 원소를 제외한 부분의 튜플을 출력하는 프로그램을 작성하시오.

ⓘ 입력예	0 1 2 3 4 5
ⓞ 출력예	(1, 2, 3, 4)

3 0이 입력되기 전까지 정수를 계속 입력받으며 set에 저장한 후, 출력하는 프로그램을 작성하시오.

ⓘ 입력예	15 9 9 3 0
ⓞ 출력예	{9, 3, 15}

4 첫 줄에 파이썬이 갖고 있는 장난감들의 이름이 주어지고, 다음 줄에 파이군이 갖고 있는 장난감들의 이름이 주어진다. 파이썬도 갖고 있고 파이군도 갖고 있는 장난감을 모두 출력하는 프로그램을 작성하시오.

ⓘ 입력예

```
a b c e f k q
f q d e g o
```

ⓞ 출력예

```
f e q
```

5 정올이가 갖고 있는 숫자카드 다섯 장이 첫 줄에 주어지고, 이어 여섯 장의 숫자 카드의 번호가 주어질 때, 정올이가 갖고 있는 숫자카드인지 판별하여 갖고있는 카드이면 1 아니면 0을 출력하는 프로그램을 작성하시오.

ⓘ 입력예

```
10 40 -5 1 3
1 2 3 4 5 -5
```

ⓞ 출력예

```
1 0 1 0 0 1
```

6 창고 관리 시스템은 아래와 같은 두 종류의 조작을 할 수 있다.

1 x: 물건 x를 하나 추가한다.

2 x: 물건 x를 전부 제거하며 그 개수를 출력한다. 만약 x가 없다면 0을 출력한다.

N번에 걸쳐 조작이 진행된 후 각 물건의 개수를 딕셔너리 형태로 출력하는 프로그램을 작성하시오.

ⓘ 입력예

```
6
1 coffee
2 tea
1 tea
1 coffee
1 tea
2 tea
```

ⓞ 출력예

```
0
2
{'coffee': 2}
```

7 첫 번째 줄에 정수 N과 M을 입력받는다.

두 번째 줄부터 N줄에 걸쳐 두 개의 문자로 이루어진 문자 변환표가 주어진다. 이 문자 변환표는 첫 번째 문자를 두 번째 문자로 바꾸어 출력을 하라는 의미이다.

이어 M줄에 걸쳐 한 개의 문자가 주어지는데, 해당 문자가 문자 변환표에 있다면 바꿔서 출력하고, 아니면 입력된 문자를 그대로 출력한다.

ⓘ 입력예

```
3 4
a b
b c
7 a
a
b
c
5
```

ⓞ 출력예

```
bcc5
```

13 CHAPTER

함수 1

Q13-1 사용자 정의 함수를 만들어 선을 그리는 프로그램을 작성하시오.
(hint: '=' 은 25개다)

◎ 출력예

```
=========================
line 함수를 호출하였습니다.
line 함수를 다시 호출합니다.
=========================
```

소스

```python
def line():
    print("=========================")

line()
print("line 함수를 호출하였습니다.")
print("line 함수를 다시 호출합니다.")
line()
```

설명

– 함수(Function)

프로그램 내에서 특정한 작업을 수행하기 위해서 독립적으로 만들어진 프로그램의 단위를 말한다.

- 함수의 종류

함수는 Compiler를 만든 회사에서 미리 만들어 제공하는 다양한 유형의 함수들이 있으며, 이들은 크게 내장함수(built-infunctions), 표준라이브러리함수(standard-libraryfunctions) 그리고 외장함수(externalfunctions)로 구분할 수 있다. 사용자 정의 함수는 위의 프로그램에서 line() 함수와 같이 사용자가 직접 정의해서 사용하는 함수를 말한다.

```
• def line():
    print("=========================")
```

함수의 내용이 기록된 것을 함수의 정의라고 한다. line이라는 함수를 생성하여 정의한다. 호출을 하면 실행만 하고 끝내는 가장 단순한 형식의 함수이다. def는 define의 약어로 파이썬에서 함수를 선언하는 형식이다.

```
• line()
```

"함수의 호출"이라고 하며 함수가 호출되면 실행순서가 호출된 함수로 이동하여 함수의 내용을 실행하고 다시 호출한 곳으로 돌아온다. 위의 예제는 선을 출력하는 단순한 작업만 하는 간단한 함수이다.

자가진단 1

문자열 "~!@#$%^&*()_+"를 출력하는 함수를 작성하고 정수를 입력받아 입력받은 수만큼 함수를 호출하는 프로그램을 작성하시오.

ⓘ 입력예

```
3
```

ⓞ 출력예

```
~!@#$%^&*()_+
~!@#$%^&*()_+
~!@#$%^&*()_+
```

Q13-2 정수 N과 M을 입력받아 "Hello"를 N번 출력한 후, 한줄을 띄워서 다시 "Hello"를 M번 출력하는 프로그램을 작성하시오.

ⓘ 입력예

```
3 2
```

ⓞ 출력예

```
Hello
Hello
Hello

Hello
Hello
```

소스

```python
def f(n):
    for _ in range(n):
        print("Hello")

N, M = map(int, input().split())
f(N)
print()
f(M)
```

설명

• `def f(n):`

함수를 선언하고 정수 한 개를 매개변수로 받아 n이라는 변수에 저장한다. 이 함수를 호출할 때는 반드시 한 개의 정수를 인수로 전달해야 한다.

• `f(N)`

N을 인수로 전달하여 f함수를 호출한다. f() 함수에서는 매개변수 n에 전달받은 N의 값을 저장한 후 함수에 있는 명령들을 실행하게 된다.
위와 같이 함수를 호출하면서 전달하는 값(N)을 인수라 하고 함수에서 전달받은 값을 저장하는 변수(n)을 매개변수라고 한다. 인수와 매개변수는 위와 같이 명확하게 구분되지만 일반적으로는 같은 의미로 쓰인다.

인수(N)를 전달받아 매개변수(n)가 저장되었으므로 두 변수는 처음에 같은 값이지만 전혀 다른 변수이므로 함수 내에서 n이 변경된다 해도 N의 값에는 영향을 미치지 않는다.

매개변수(n)은 함수 내에서 선언되고 사용된 것이므로 함수가 끝나게 되면 자동적으로 소멸된다.

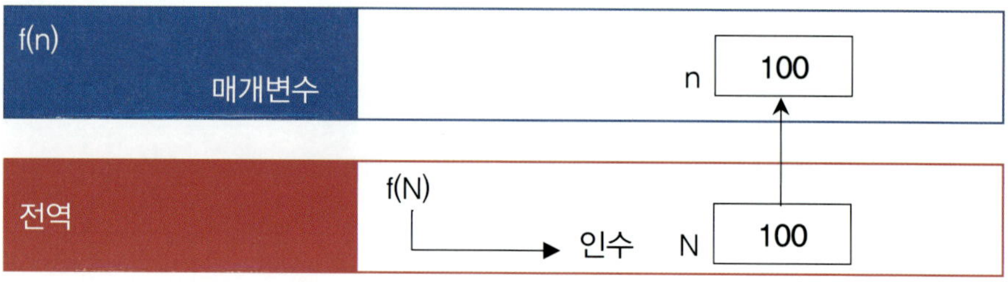

자가진단 2

정수를 입력받아 두 개의 함수를 호출하여 입력된 수보다 10이 큰 수와 10이 작은 수를 식과 함께 출력하는 프로그램을 작성하시오.

ⓘ 입력예 50

ⓞ 출력예
50 + 10 = 60
50 - 10 = 40

Q13-3 합과 차를 각각 리턴하는 함수를 작성한 후 두 정수를 입력받아 함수를 호출하여 두 수의 합과 차를 출력하는 프로그램을 작성하시오.

ⓘ 입력예	30 50
ⓞ 출력예	두 수의 합 = 80 두 수의 차 = 20

소스

```
def add(x, y):
    return x + y

def sub(x, y):
    cha = x - y
    if cha < 0: cha *= -1
    return cha

a, b = map(int, input().split())
sum_ = add(a, b)
print("두 수의 합 = " , sum_)
print("두 수의 차 = " , sub(a, b))
```

설명

- ```
  def add(x, y):
      return x + y
  ```

두 정수를 x와 y로 받아서 저장했다가 두수의 합을 리턴한다. 이 때 리턴값을 함수의 결과값이라고 한다. 위에서 리턴되는 x + y값이 정수이므로 리턴되는 결과값은 정수가 된다.

- `if cha < 0: cha *= -1`

변수 cha의 값이 음수인 경우 -1을 곱하여 양수로 바꾼다.
  ```

• `sum_ = add(a, b)`

a와 b를 전달하여 add함수를 실행하고 리턴되는 결과값을 sum_에 저장한다.

• `print("두 수의 차 = " , sub(a, b))`

sub(a, b)함수를 실행하고 리턴되는 값을 바로 출력한다.

자가 진단 3

반지름의 길이를 전달받아 넓이를 반환하는 함수를 작성하고, 반지름의 길이를 입력받아 함수를 호출하여 넓이를 출력하는 프로그램을 작성하시오. (소수 셋째 자리에서 반올림하여 소수 둘째자리까지 출력한다. 원의 넓이 = 반지름 * 반지름 * 3.14로 한다.)

ⓘ 입력예 10

ⓞ 출력예 314.00

Q13-4 함수 f(x)는 $ax^2 + bx + c$ 와 같이 2차 방정식의 결과를 반환하는 함수이다. 세 정수 a, b, c를 입력받은 후, x의 값 2, 3, 5를 각각 전달하여 함수를 실행하여 얻은 결과 f(2), f(3), f(5)의 값을 출력하는 프로그램을 작성하시오.

ⓘ 입력예

```
100 10 1
```

ⓞ 출력예

```
421
931
2551
```

소스

```python
def f(x):
    ans = a * x**2 + b * x + c
    return ans

a, b, c = map(int, input().split())
print(f(2))
print(f(3))
print(f(5))
```

설명

- `ans = a * x**2 + b * x + c`

변수 a, b, c와 같이 함수 밖에서 만들어진 변수를 전역변수(global variable)라고 하고 변수 ans와 같이 함수 내에서 만들어진 변수를 지역변수(local variable)라고 한다. 지역변수는 함수의 종료와 함께 메모리에서 삭제된다.

전역변수는 함수내에서 읽을 수는 있지만, 값을 수정할 수는 없다. 즉, 쓰는 권한은 없지만, 읽을 수는 있다는 것이다.

자가
진단
4

정수 K를 전역변수로 입력받은 후, 한 개의 정수를 전달하여 K와의 차이를 리턴하는 함수를 작성하고, 세 개의 정수를 추가로 입력받아 각각 함수를 호출하여 K와의 차이를 출력하는 프로그램을 작성하시오.

ⓘ 입력예

```
30
100 20 10
```

ⓞ 출력예

```
70
10
20
```

Q13-5 매개변수로 주어진 값이 음수면 'negative', 양수면 'positive', 0이면 'zero'를 반환하는 함수를 작성한 후, 정수 한 개를 입력받아 함수를 호출하여 입력된 정수가 어떤 수인지 출력하는 프로그램을 작성하시오.

ⓘ 입력예	5
ⓞ 출력예	positive

소스

```
def chk(n):
    if n > 0:
        return 'positive'
    if n < 0:
        return 'negative'
    return 'zero'

N = int(input())
print(chk(N))
```

설명

- ```
  if n > 0:
      return 'positive'
  ```

만약 매개변수 n의 값이 양수이면(0보다 크면) 'positive'를 return하고 함수를 종료한다.

- ```
  if n < 0:
      return 'negative'
  ```

만약 매개변수 n의 값이 음수이면 'negative'를 return하고 함수를 종료한다.

- ```
  return 'zero'
  ```

만약 매개변수 n의 값이 양수이거나 음수였다면 이미 해당 함수는 종료되었을 것이다. 이 코드까지 진행이 되었다는 것은 n이 0이라는 뜻이다. 이와 같이 함수에서는 else의 사용이 불필요한 경우가 많다.
  ```

자가 진단 5

성별과 나이를 입력받아 성별이 'M' 또는 'm'이면 남성 'F' 또는 'f'이면 여성, 나이가 20세 이상이면 성인이다. 함수에 성별과 나이를 보내 이에 따라 ('MAN', 'WOMAN', 'BOY', 'GIRL') 중 적절한 문자열을 반환받아 출력하는 프로그램을 작성하시오.

ⓘ 입력예 1	M 20	ⓘ 입력예 2	f 14
ⓞ 출력예 1	MAN	ⓞ 출력예 2	GIRL

Q13-6 두 수를 입력받아 아래 예와 같이 순서를 바꾸어 출력하는 프로그램을 작성하시오.

ⓘ 입력예

```
5 10
```

ⓞ 출력예

```
함수 내부: a = 10, b = 5
함수 외부: a = 5, b = 10
함수 내부: a = 10, b = 5
함수 외부: a = 10, b = 5
```

소스

```python
def swapvalue(a, b):
    a, b = b, a
    print(f"함수 내부: a = {a}, b = {b}")
def swapreference():
    global a, b
    a, b = b, a
    print(f"함수 내부: a = {a}, b = {b}")

a, b = map(int, input().split())
swapvalue(a, b)
print(f"함수 외부: a = {a}, b = {b}")
swapreference()
print(f"함수 외부: a = {a}, b = {b}")
```

설명

- `def swapvalue(a, b):`

지금까지 배운 것과 같은 전달 방식을 값에 의한 전달(call-by-value)이라고 한다. swapvalue(a, b)를 호출하게 되면 a와 b의 값을 가져와서 새로운 변수 a, b를 생성하여 값을 저장하게 된다. 즉 함수 내의 a, b는 지역변수이므로 값을 아무리 바꾸어도 호출한 곳에 있던 전역변수 a와 b의 값에는 변화가 없다.

• `def swapreference():`
```
    global a, b
```

매개변수가 없이 a, b를 사용하면 전역변수의 값을 그대로 사용하게 된다. 하지만 함수 내에서는 전역변수의 값을 참조할 수만 있을 뿐 값을 변경시킬 수는 없다. 전역변수의 값을 수정하기 위해서는 해당 변수 앞에 global을 넣어서 다시 선언하면 된다. 그렇게 선언된 변수는 새로운 변수를 선언한 것이 아니라 전역변수를 그대로 사용하되 값을 변경할 수 있게 한다는 것이다. 함수 내에서 값을 변경하면 당연히 원래의 값이 변경된다.

* List는 global을 지정하지 않아도 global로 작동이 된다.

• `swapvalue(a, b)`

a, b의 값을 전달하여 swapvalue를 실행하면 함수 내에서 두 값을 교환하여 출력하고, 돌아와서 전역변수 a, b를 출력하면 원래의 값이 출력된다.

• `swapreference()`

a, b의 값을 전달하지 않고 함수 내에서 global로 선언 후 값을 수정하면 전역변수의 값이 수정되므로, 함수 내에서 출력한 값과 돌아와서 출력한 값이 같게 된다.

자가진단 6

두 개의 정수를 입력받아 큰 수는 2로 나눈 몫을 저장하고 작은 수는 2를 곱하여 저장한 후 출력하는 프로그램을 작성하시오. (함수에서는 전역변수를 수정만 하도록 작성한다.)

ⓘ 입력예　　100 500

ⓞ 출력예　　200 250

Q13-7 정수 N과 N개의 정수를 입력받아 버블정렬하는 과정을 출력하는 프로그램을 작성하시오. (바깥의 반복문이 한번 실행될 때마다 결과를 출력한다.)

ⓘ 입력예

```
5
3 5 2 4 1
```

ⓞ 출력예

```
[3, 2, 4, 1, 5]
[2, 3, 1, 4, 5]
[2, 1, 3, 4, 5]
[1, 2, 3, 4, 5]
```

소스

```
def bubble_sort():
    for i in range(1, N):
        for j in range(N-i):
            if A[j] > A[j+1]:
                A[j], A[j+1] = A[j+1], A[j]
        print(A)

N = int(input())
A = list(map(int, input().split()))
bubble_sort()
```

설명

– 버블정렬(Bubble Sort)

버블정렬은 바로 옆의 자료와 비교해 가면서 가장 큰 수를 맨 끝(i위치)에 오도록 하는 작업을 반복해 나가는 방법이다. 위 코드에서 첫 번째 for문의 i는 처리하는 순서이고 처리하지 않아도 되는 개수를 나타낸다.

각 단계가 끝나면 a[N – i]에 0~(N – i)까지에서 가장 큰 수가 저장되게 된다.

위 자료를 버블정렬로 오름차순 정렬하는 과정은 다음과 같다.

– 0회차: 초기 상태

0	1	2	3	4
3	5	2	4	1

– 1회차(i = 1): 가장 큰 수가 4번 인덱스에 오도록 둘 씩 비교하여 필요시 교환한다.

0	1	2	3	4
3	**5**	2	1	4

j = 0, A[0]보다 A[1]의 값이 크므로 교환하지 않는다.

0	1	2	3	4
3	**2**	**5**	4	1

j = 1, A[1]보다 A[2]의 값이 작으므로 교환한다.

0	1	2	3	4
3	2	**4**	**5**	1

j = 2, A[2]보다 A[3]의 값이 작으므로 교환한다.

0	1	2	3	4
3	2	4	**1**	**5**

j = 3, A[3]보다 A[4]의 값이 작으므로 교환한다.

– 2회차(i = 2): 두 번째로 큰 수가 3번 인덱스에 오도록 한다.

0	1	2	3	4
2	**3**	4	1	5

j = 0, A[0]보다 A[1]의 값이 작으므로 교환한다.

0	1	2	3	4
2	**3**	**4**	1	5

j = 1, A[1]보다 A[2]의 값이 크므로 교환하지 않는다.

0	1	2	3	4
2	3	**1**	**4**	5

j = 2, A[2]보다 A[3]의 값이 작으므로 교환한다.

– 3회차(i = 3): 세 번째로 큰 수가 2번 인덱스에 오도록 한다.

0	1	2	3	4
2	**3**	1	4	5

j = 0, A[0]보다 A[1]의 값이 크므로 교환하지 않는다.

0	1	2	3	4
2	**1**	**3**	4	5

j = 1, A[1]보다 A[2]의 값이 작으므로 교환한다.

– 4회차(i = 3): 네 번째로 큰 수가 1번 인덱스에 오도록 한다.

0	1	2	3	4
1	**2**	3	4	5

j = 0, A[0]보다 A[1]의 값이 작으므로 교환한다.

– 5회차: 4번 인덱스만 남았기에 더이상 진행하지 않고, 버블정렬이 종료된다.

0	1	2	3	4
1	2	3	4	5

- 크기가 N인 리스트를 버블정렬로 정렬하면 N-1단계로 진행되며, 각 단계마다 i번째 단계에서는 A[N-i]에 최댓값이 오도록 N-i번의 비교가 발생된다.

자가 진단 7

10개의 점수를 한 줄에 입력받아 버블정렬로 내림차순 정렬을 하면서 하나의 단계가 끝날 때마다 그 정렬 결과를 출력하는 프로그램을 작성하시오.

ⓘ 입력예

```
15 93 26 8 43 10 25 88 75 19
```

ⓞ 출력예

```
93 26 15 43 10 25 88 75 19 8
93 26 43 15 25 88 75 19 10 8
93 43 26 25 88 75 19 15 10 8
93 43 26 88 75 25 19 15 10 8
93 43 88 75 26 25 19 15 10 8
93 88 75 43 26 25 19 15 10 8
93 88 75 43 26 25 19 15 10 8
93 88 75 43 26 25 19 15 10 8
93 88 75 43 26 25 19 15 10 8
```

형성평가 문제

1 '#' 문자를 10개 출력하는 함수를 작성한 후 함수를 세 번 호출하여 출력예와 같이 출력하는 프로그램을 작성하시오.

ⓞ 출력예

```
first
##########
second
##########
third
##########
```

2 1부터 전달받은 수까지의 합을 출력하는 함수를 작성하고 1000 이하의 자연수를 입력받아 작성한 함수로 전달하여 출력하는 프로그램을 작성하시오.

ⓘ 입력예

```
100
```

ⓞ 출력예

```
5050
```

3 자연수 N을 입력받아 출력예와 같이 N행 N열의 숫자사각형을 출력하는 프로그램을 작성하시오. (출력하는 부분은 함수로 작성한다.)

ⓘ 입력예

```
3
```

ⓞ 출력예

```
1 2 3
4 5 6
7 8 9
```

4 두 정수 A와 B를 받아 A+B의 절대값을 반환하는 함수를 호출하여 그 결과를 출력하는 프로그램을 작성하시오.

ⓘ 입력예	5 -7
ⓞ 출력예	2

5 두 개의 정수를 입력받아 큰 수의 제곱에서 작은 수의 제곱을 뺀 결과값을 출력하는 프로그램을 작성하시오.(두 정수를 전달받아 제곱의 차를 리턴하는 함수를 이용할 것)

ⓘ 입력예	8 10
ⓞ 출력예	36

6 정수 n을 입력받아 2^n의 값을 출력하는 프로그램을 작성하시오.($1 \le n \le 20$)

ⓘ 입력예	10
ⓞ 출력예	1024

14
CHAPTER

함수2

Q14-1 세 개의 정수를 입력받아 최댓값과 최솟값을 출력하는 프로그램을 작성하시오.

ⓘ 입력예	5 9 2
ⓞ 출력예	max: 9 min: 2

소스

```
a, b, c = map(int, input().split())
print("max:", max(a, b, c))
print("min:", min(a, b, c))
```

설명

– 내장함수 (Built-in Functions)

내장 함수는 파이썬 인터프리터에 기본적으로 포함되어 있어서, 별도의 모듈을 임포트하지 않고도 바로 사용할 수 있는 함수들이다. 이 함수들은 파이썬의 기본적인 작업을 수행하며, 가장 기본적인 데이터 처리, 연산, 변환 등에 사용된다. 우리가 이미 사용하고 있는 input(), print(), len()등 모든 명령어들이 해당되며 위의 min(), max() 등도 모두 내장 함수에 포함된다.

• `max(a, b, c)`

max()함수는 주어진 매개변수 중 가장 큰 값을 반환한다. max([1,2,3])과 같이 리스트나 튜플 등과 같은 자료형도 매개변수로 사용할 수 있다.

• `min(a, b, c)`

min()함수는 주어진 매개변수 중 가장 작은 값을 반환한다. max()함수와 동일하게 리스트와 같은 자료형도 매개변수로 사용할 수 있다.

자가 진단 1

5개의 정수를 입력받아 최댓값과 최솟값의 차이를 출력하는 프로그램을 작성하시오.

ⓘ 입력예 66 50 77 30 44

ⓞ 출력예 47

Q14-2

-100과 100 사이의 열 개의 정수를 입력받아 절댓값의 합을 구해 출력하는 프로그램을 작성하시오.

ⓘ 입력예 -1 -2 3 -4 -5 -6 7 8 -9 10

ⓞ 출력예 55

소스

```
A = list(map(int, input().split()))
hap = 0
for a in A:
    hap += abs(a)
print(hap)
```

설명

- abs(a)

abs()함수는 정수나 실수 등의 숫자의 절댓값을 반환하는 함수다.

자가진단 2

두 개의 정수를 입력받아 절댓값이 큰 수를 출력하고, 두 개의 실수를 입력받아 절댓값이 작은 수를 출력하는 프로그램을 작성하시오.

ⓘ 입력예

```
-50 40
-12.34 5.67
```

ⓞ 출력예

```
-50
5.67
```

Q14-3 원의 반지름에 해당하는 실수를 입력받아 원의 넓이의 버림, 올림, 반올림을 각각 구하는 프로그램을 작성하시오.

ⓘ 입력예 1.4

ⓞ 출력예

```
원의 넓이
버림 : 6
올림 : 7
반올림 : 6
```

소스

```python
import math
PI = 3.14
radius = float(input())
area = radius**2* PI
print("원의 넓이")
print(f"버림 : {math.floor(area)}")
print(f"올림 : {math.ceil(area)}")
print(f"반올림 : {round(area)}")
```

설명

- 표준 라이브러리 함수 (Standard Library Functions)

표준 라이브러리 함수들은 파이썬 설치 시 함께 제공되는 라이브러리에 포함된 함수들로, 해당 라이브러리를 import 해야 사용할 수 있다.

- `import math`

math는 여러 가지 수학함수를 정의해 놓은 모듈이다. 이 모듈을 import하면 실수의 절대값(fabs), 제곱근(sqrt), 거듭제곱(pow), 올림(ceil), 버림(floor), 삼각비(sin, cos, tan), 로그(log) 등의 다양한 수학 함수를 이용할 수 있다.
정수의 절대값(abs)과 반올림(round)은 파이썬의 기본함수이므로 math를 import 하지 않아도 사용이 가능하다.

• `math.floor(area)`

floor()함수는 ()안 실수의 소수점 이하를 버림한 결과를 반환한다. 파이썬에서 버림이란 **해당 값 이하의 최대 정수**를 의미한다. 예를 들어 floor(-2.5)는 -2가 아니라 -3이 된다는 것이다. (-2는 -2.5보다 큰 수이므로)
floor 대신에 trunc를 사용해도 버림이 되기는 하지만 이 경우에는 절대값을 기준으로 소수점 뒤의 값을 부조건 떼어내는 것이므로 floor와는 차이가 있다.
예를 들어 floor(-1.5)는 -2이지만 trunc(-1.5)는 -1이 된다.

• `math.ceil(area)`

ceil()함수는 ()안 실수의 소수점 이하를 올림한 결과를 반환한다. 파이썬에서 올림이란 **주어진 값 이상의 최소 정수**를 의미한다.

자가진단 3

세 개의 실수를 입력받아 가장 큰 수를 올림한 정수를 출력하고 가장 작은 수를 버림한 정수를 출력한 후 남은 수를 반올림한 정수를 출력하는 프로그램을 작성하시오.

ⓘ 입력예	3.45 51.48 -100.1
ⓞ 출력예	52 -101 3

Q14-4 리스트 A를 [3.1, 6.2, 7.8, 1.4]로 초기화시키고, 해당 리스트의 모든 원소를 정수로 바꾸어 저장한 후 리스트를 출력하는 프로그램을 작성하시오.

◎ 출력예 [3, 6, 7, 1]

소스 1

```
A = [3.1, 6.2, 7.8, 1.4]
for i in range(len(A)):
    A[i] = int(A[i])
print(A)
```

설명 1

- `for i in range(len(A)):`
  `A[i] = int(A[i])`

반복문을 통해 모든 원소에 접근하여 int()함수를 통해 정수로 바꿔준다.

소스 2

```
A = [3.1, 6.2, 7.8, 1.4]
A = list(map(int, A))
print(A)
```

설명 2

- `A = list(map(int, A))`

map(함수, 리스트)는 리스트의 각 원소들에 지정한 함수를 적용시킨다. map(int, 리스트)를 통해 int()함수를 리스트의 모든 원소에 적용시키고, 이를 리스트로 저장하기 위해 list()함수를 바깥에 씌워준다.

(심화)
map함수는 파이썬의 내장 함수 중 하나로 내부적으로 C언어로 구현되어 파이썬 반복문보다 빠르게 처리가 된다. 또한, 반환값으로 리스트가 아닌 map object라는 iterator를 반환하여 메모리의 사용을 최소화 하는 것이 가능하다.

(심화)

map은 lambda와 함께 쓰는 경우가 많다. lambda는 함수를 한 줄로 간략하게 작성하는 문법으로 "lambda 매개변수:리턴값"의 형식으로 사용된다. 아래 두 코드는 리스트의 모든 원소를 세제곱시키는 동일한 코드이다.

코드1	`def func(x):`
	`    return x**3`
	`A = list(map(func, [1,2,3,4]))`
	`print(A)`

코드2	`A = list(map(lambda x:x**3, [1,2,3,4]))` `print(A)`

자가 진단 4

문자열 리스트 A를 입력받아 map 함수를 이용하여 각 문자열을 문자 리스트로 변환하여 저장한 후 리스트를 출력하는 프로그램을 작성하시오.

ⓘ 입력예 mon wed fri

ⓞ 출력예 [['m', 'o', 'n'], ['w', 'e', 'd'], ['f', 'r', 'i']]

Q14-5 인자로 받은 과일들의 이름을 출력하는 함수를 작성하시오.

◎ 출력예

```
apple
apple banana
apple banana coconut
```

소스

```python
def f(*words):
    for word in words:
        print(word, end=" ")
    print()

f("apple")
f("apple", "banana")
f("apple", "banana", "coconut")
```

설명

– 패킹(packing)

패킹(packing)은 파이썬에서 여러 데이터를 하나의 변수에 저장하는 기법이다. 예를 들어, 여러 개의 값을 하나의 튜플이나 리스트로 묶는 것을 말한다.

• `def f(*words):`

매개변수 앞에 *을 붙이면 패킹으로 여러 개의 값을 묶어서 튜플의 형태로 words라는 객체에 받아준다. 만약 주어진 인자가 없으면 빈 튜플이 매개변수에 들어간다.

(심화)

만약 일부 인자는 다른 매개변수로 받고, 남은 인자들만 패킹하고 싶다면 아래와 같이 사용이 가능하다. 단, 패킹은 마지막에 와야 한다.

코드	출력

`def f(a, b, *c):`
`    print(a, b, c)`
`f(1, 2, 3, 4, 5)`
	1 2 (3, 4, 5)

(심화)

**을 통해 키워드 인자 패킹도 가능하며, 해당 값은 딕셔너리로 저장된다.

코드	출력

`def f(**age):`
`    print(age)`
`f(kim=13, lee=29, park=24)`
	{'kim': 13, 'lee': 29, 'park': 24}

`def f(*name, **age):`
`    print(name)`
`    print(age)`
`f("kim", "lee", "park",`
`  kim=13, lee=29, park=24)`
	('kim', 'lee', 'park')
	{'kim': 13, 'lee': 29, 'park': 24}

(심화)

한 개 이상의 입력을 한 줄로 받는데, 그 개수가 특정되지 않는 경우 *을 통해 간단한 처리가 가능하다.

코드	입력	출력
`a, *r = input().split()` `print(a, r)`	a b c	a ['b', 'c']
	n	n []

자가 진단 5

여러 개의 정수를 매개변수로 받아 그 중 홀수의 합을 리턴하는 함수를 작성하고, 두 줄에 걸쳐 여러 개의 정수를 입력받아 함수를 호출하여 홀수의 합을 출력하는 프로그램을 작성하시오.

ⓘ 입력예

```
3 7
9 4 2 6
```

ⓞ 출력예

```
10
9
```

Q14-6 열 개의 정수를 한 줄에 입력받아 리스트로 저장하고, 리스트와 그 리스트를 언패킹한 값을 출력하는 프로그램을 작성하시오.

ⓘ 입력예	1 2 4 8 16 32 64 128 256 512
ⓞ 출력예	[1, 2, 4, 8, 16, 32, 64, 128, 256, 512] 1 2 4 8 16 32 64 128 256 512

소스

```
A = list(map(int, input().split()))
print(A)
print(*A)
```

설명

– 언패킹(Unpacking)

패킹(Packing)의 반대되는 개념으로 여러 개의 값을 묶고 있는 하나의 객체를 풀어 각각의 변수로 풀어내는 것이다.

• `print(*A)`

리스트나 튜플등의 자료에 *를 붙이면 언패킹(unpacking)이 되어 A의 각각의 원소들이 개별적으로 출력이 된다.

(심화)

map object와 같은 iterator를 언패킹하는 것도 가능하다. 그렇기에 소스 코드의 첫 줄을 A = [*map(int, input().split())]와 같이 작성하는 것도 가능하다.

자가 진단 6

N개의 문자열을 입력받아 리스트에 저장한 후, 해당 리스트를 거꾸로 뒤집어 출력하는 프로그램을 작성하시오. (단, 출력을 할 때 언패킹을 사용한다)

ⓘ 입력예

```
3
zero
one
two
```

ⓞ 출력예

```
two one zero
```

Q14-7 2원짜리 동전 A개, 3원짜리 동전 B개를 이용하여 정확하게 C원을 만들 수 있는지 확인하는 프로그램을 작성하시오. 첫 번째 줄에 테스트 케이스의 수 T를 입력받는다. 다음 줄부터 T번에 걸쳐 정수 A, B, C를 입력받아 정확하게 C원을 만드는 것이 가능하면 "YES", 안되면 "NO"를 출력한다.

ⓘ 입력예

```
3
1 2 3
2 3 10
3 0 7
```

ⓞ 출력예

```
YES
YES
NO
```

소스

```python
def chk(A, B, C):
    for a in range(A+1):
        for b in range(B+1):
            if 2 * a + 3 * b == C: return True
    return False

T = int(input())
for i in range(T):
    A, B, C = map(int, input().split())
    if chk(A, B, C): print("YES")
    else: print("NO")
```

설명

– 코드 구조화(Code Structure)

이해하기 쉽도록 코드를 잘 작성하는 것으로, 큰 조각의 코드를 이해하기 쉬운 크기의 작은 하부 프로그램(함수)으로 나누어 코드의 가독성을 높여주는 방법을 의미한다.

• `if 2 * a + 3 * b == C: return True`

함수를 사용한다면 이와 같이 반복문 중간에 조건에 맞는 결과를 찾게 되면 바로 종료시키는 것이 가능하다. 만약 함수를 사용하지 않는다면 이 과정이 복잡해진다.

• `return False`

위의 반복문에서 조건에 맞는 결과가 있었다면 여기까지 오지 않았을 것이다. 즉, 조건에 맞는 경우가 없는 것이므로 False를 리턴한다.

자가진단 7

여덟 개의 정수를 한 줄에 입력받아 리스트에 저장하고, 최댓값에 해당하는 값이 저장된 인덱스를 모두 출력하는 프로그램을 작성하시오. (hint: 최댓값을 구하는 함수와 인덱스를 출력하는 함수를 각각 만들어서 구조화를 한다)

ⓘ 입력예	20 30 15 30 25 30 20 10
ⓞ 출력예	1 3 5

형성평가 문제

1 세 개의 정수를 입력받아 두 번째로 큰 수를 출력하는 프로그램을 작성하시오.

ⓘ 입력예	5 1 3
ⓞ 출력예	3

2 첫 줄에 세 개의 전구의 상태가 주어진다. 각 전구가 켜져 있으면 1 아니면 0으로 표시된다. 두 번째 줄에 정수 K가 주어진다. 전구를 끄거나 켜서 K개의 전구가 켜져있는 상태를 만들기 위해 최소 몇 개의 전구를 끄거나 켜야하는 지 출력하는 프로그램을 작성하시오.

ⓘ 입력예 1	0 1 0 2	ⓘ 입력예 2	1 1 1 1
ⓞ 출력예 1	1	ⓞ 출력예 2	2

3 열 개의 실수를 입력받아 반올림한 정수의 값이 원래의 값보다 커지는 수들의 개수를 출력하는 프로그램을 작성하시오.

ⓘ 입력예 1	1.8 5.1 5.2 2.0 4.6 3.1 0.5 1.5 2.2 4.7
ⓞ 출력예 1	4

4 세 개의 문자열을 입력받아 각각의 길이가 순서대로 저장된 리스트를 만들어 출력하는 프로그램을 작성하시오.

ⓘ 입력예	abc cat great
ⓞ 출력예	[3, 3, 5]

5 "done"이 입력되기 전까지 계속 명령어와 여러 개의 정수를 한 줄로 입력받아 명령어가 int라면 정수 리스트에 저장하고, 명령어가 float라면 정수들을 float로 형 변환시킨 값들을 리스트에 저장하여 리스트를 출력하는 프로그램을 작성하시오.

ⓘ 입력예	int 1 2 3 4 float 1 2 3 done
ⓞ 출력예	[1, 2, 3, 4] [1.0, 2.0, 3.0]

6 0번부터 N번까지 번호가 매겨진 달걀들이 일렬로 나열되어 있다. 정수 N과 두 정수 a, b를 입력받아 a번 달걀과 b번 달걀의 위치를 바꾼 후 출력하는 프로그램을 작성하시오.

ⓘ 입력예	5 2 4
ⓞ 출력예	0 1 4 3 2 5

15
CHAPTER

함수3

Q15-1 반복문을 사용하지 않고 "Python"을 10번 출력하는 프로그램을 작성하시오.

◎ 출력예

Python
Python
⋮
Python

소스

```
def recursion(n):
    if n <= 0: return
    print("Python")
    recursion(n - 1)

recursion(10)
```

설명

– 재귀함수 (Recursive Function)

함수 내에서 자신을 다시 호출하는 함수를 의미한다. 함수 내에 자신을 호출하는 함수가 있다면 자기자신을 무한히 호출하게 되므로 재귀함수는 항상 종료조건이 존재해야 한다.

```
recursion(10)
    print("Python")
    recursion(9)
        print("Python")
        recursion(8)
                :
                recursion(1)
                    print("Python")
                    recursion(0)
                        if n <= 0: return
```

recursion(10)은 'Python'을 출력하고 recursion(9)를 호출한다.
recursion(9)는 'Python'을 출력하고 recursion(8)를 호출한다.
이를 반복하여 총 10번의 Python이 출력되고, 이어 recursion(0)은 n이 0보다 작거나 같기에 return(종료)된다.

• `if n <= 0: return`

해당 재귀함수의 종료조건으로 n이 0보다 작거나 같다면 종료하게 한다. 처음 step이 10이었다면 총 10번 반복하고 종료하게 된다.

• `recursion(n - 1)`

`recursion(n)` 함수는 "'Python'을 n번 출력하라."고 정의된 함수이다.
함수내에서 'Python'을 한번 출력 했으므로 이제 n-1 번을 더 출력하면 된다.
따라서 `recursion(n - 1)`을 호출하면 된다.

결국 재귀함수는 여러 번 처리해야 하는 작업을 호출된 함수 내에서는 한번만 처리하고 다시 해당 함수를 호출해서 남은 작업을 처리할 수 있도록 하는 것이다.

자가 진단 1-1

반복문을 사용하지 않고 "JUNGOL"을 5번 출력하는 프로그램을 작성하시오.

ⓞ 출력예

```
JUNGOL
JUNGOL
JUNGOL
JUNGOL
JUNGOL
```

자가 진단 1-2

정수 N을 입력받아서 반복문을 사용하지 않고 "Hello"를 N번 출력하는 프로그램을 작성하시오.

ⓘ 입력예

```
3
```

ⓞ 출력예

```
Hello
Hello
Hello
```

Q15-2

1 이상 50 이하의 정수 N을 입력받아 재귀함수를 이용하여 1부터 N까지의 정수를 차례대로 출력하는 프로그램을 작성하시오.

ⓘ 입력예	3
ⓞ 출력예	1 2 3

소스

```
def number(n):
    if n <= 0: return
    number(n - 1)
    print(n)

N = int(input())
number(N)
```

설명

- `def number(n):`

"1부터 n까지의 정수를 출력하라."고 정의된 함수이다.

이번 재귀함수는 함수 내부의 재귀 호출이 출력보다 앞서서 실행되었다. 이 경우 다음과 같은 순서로 코드가 실행될 것이다.

```
number(3)
    number(2)
        number(1)
            number(0)
                if n < 1: return
            print(1)
        print(2)
    print(3)
```

이렇게 출력이 재귀 호출보다 뒤에 위치해 있게 되면 맨 마지막에 호출된 함수의 n의 값부터 출력이 된다.

자가진단 2-1

재귀함수를 이용하여 1부터 N까지의 정수를 차례대로 출력예와 같이 출력하는 프로그램을 작성하시오.

ⓘ 입력예

```
3
```

ⓞ 출력예

```
Recursion 1
Recursion 2
Recursion 3
```

자가진단 2-2

재귀함수를 이용하여 N부터 1까지의 정수를 차례대로 출력예와 같이 출력하는 프로그램을 작성하시오.

ⓘ 입력예

```
3
```

ⓞ 출력예

```
function #3
function #2
function #1
```

hint: n을 먼저 출력하고 재귀함수를 호출한다.

자가 진단 2-3

정수 S와 E를 입력받아 재귀함수를 이용하여 S부터 E까지의 정수를 차례대로 출력예와 같이 출력하는 프로그램을 작성하시오. (S 〈 E)

ⓘ 입력예 3 5

ⓞ 출력예

```
f(3)
f(4)
f(5)
```

hint: n까지의 정수를 출력하되 n이 S보다 작으면 return 하는 재귀함수 f(n)을 작성하고 f(E)를 호출하면 된다.

자가 진단 2-4

정수 S와 E를 입력받아 재귀함수를 이용하여 E부터 S까지의 정수를 차례대로 출력예와 같이 출력하는 프로그램을 작성하시오. (S 〉 E)

ⓘ 입력예 6 4

ⓞ 출력예 6 5 4

Q15-3 1 이상 10 이하의 정수 N을 입력받아 재귀함수를 이용하여 N!(팩토리얼)을 구하여 출력하는 프로그램을 작성하시오. (N!은 1부터 N까지의 곱을 말한다. N! = 1 * 2 * ... * N)

ⓘ 입력예 5

ⓞ 출력예 120

소스

```
def factorial(num):
    if num <= 1: return 1
    return num * factorial(num - 1)

N = int(input())
print(factorial(N))
```

설명

• `def factorial(num):`

num! 즉 1부터 num까지의 곱을 출력하도록 정의된 함수이다.

• `if num <= 1: return 1`

n이 1이면 1을 리턴한다. (1팩토리얼은 1이므로)
조건에서 n == 1: 이 아니라 n <= 1:이라고 한 것은 혹시 1보다 작은 값이 들어올 경우 프로그램이 무한루프에 빠지는 것을 방지하기 위함이다.

• `return factorial(num - 1) * num`

1부터 num까지의 곱은 1부터 num - 1까지의 곱에서 num을 곱한 것이다. 따라서 재귀함수를 호출하여 num - 1까지의 곱을 구해서 리턴된 값에 num을 곱한 결과를 리턴하면 결과적으로 num!이 된다.

- 참고로 N이 5가 입력되었을 때 실행되는 과정을 식으로 나타내면 다음과 같다.

5! = 5 * 4!
= 5 * (4 * 3!)
= 5 * (4 * (3 * 2!))
= 5 * (4 * (3 * (2 * 1!))
= 5 * 4 * 3 * 2 * 1

자가진단 3-1

정수 N을 입력받아 재귀함수를 이용하여 1부터 N까지의 합을 구하여 출력하는 프로그램을 작성하시오.

ⓘ 입력예 10

ⓞ 출력예 55

자가진단 3-2

정수 N을 입력받아 재귀함수를 이용하여 N부터 1까지 절반씩 쪼개서 나오는 수들의 합을 구하여 출력하는 프로그램을 작성하시오.

ⓘ 입력예 10

ⓞ 출력예 18

hint: f(10) = 10 + f(5) = 10 + 5 + f(2) = 10 + 5 + 2 + 1 = 18

Q15-4 1 이상 10 이하의 정수 N을 입력받아서, 1부터 3까지의 정수를 중복을 허용하여 N번 나열하는 모든 경우를 출력하는 프로그램을 작성하시오.

ⓘ 입력예

```
3
```

ⓞ 출력예

```
1 1 1
1 1 2
1 1 3
1 2 1
1 2 2
1 2 3
1 3 1
⋮
3 3 2
3 3 3
```

소스

```python
def f(step):
    if step > N:
        print(*A)
        return
    for i in range(1, 4):
        A.append(i)
        f(step+1)
        A.pop()

N = int(input())
A = []
f(1)
```

설명

- `def f(step):`

step번째의 자리에 1부터 3까지의 숫자를 저장하고 step + 1번째의 함수를 호출하는 재귀함수이다.

- ```
  if step > N:
      print(*A)
      return
  ```

step이 N보다 크면 N번째까지의 숫자가 모두 채워진 것이므로 리스트를 출력하고 return 한다.

- ```
  for i in range(1, 4):
      A.append(i)
      f(step+1)
      A.pop()
  ```

step번째에 1부터 3까지의 숫자를 차례대로 추가한 후 step+1번째를 호출하는 코드이다.

결과적으로 1 1 1부터 3 3 3까지 모든 경우의 수를 출력하게 된다.

자가진단 4-1

1 이상 5 이하의 정수 N이 주어졌을 때, 1부터 6까지의 정수를 중복을 허용하여 N번 나열하는 모든 경우를 출력하는 프로그램을 작성하시오.

ⓘ 입력예

```
2
```

ⓞ 출력예

```
1 1
1 2
⋮
6 5
6 6
```

자가진단 4-2

1 이상 5 이하의 정수 M이 주어졌을 때, 1부터 M까지의 정수를 중복을 허용하여 4번 나열하는 모든 경우를 출력하는 프로그램을 작성하시오.

ⓘ 입력예

```
3
```

ⓞ 출력예

```
1 1 1 1
1 1 1 2
1 1 1 3
1 1 2 1
 ⋮
3 3 3 2
3 3 3 3
```

자가진단 4-3

1 이상 5 이하의 정수 N과 M이 주어졌을 때, 1부터 M까지의 정수를 중복을 허용하여 N번 나열하는 모든 경우를 출력하는 프로그램을 작성하시오.

ⓘ 입력예

```
3 2
```

ⓞ 출력예

```
1 1 1
1 1 2
1 2 1
1 2 2
2 1 1
2 1 2
2 2 1
2 2 2
```

Q15-5 1 이상 3 이하의 정수 N을 입력으로 받아, 1부터 3까지의 정수를 중복을 허용하지 않고 N번 나열하는 모든 경우를 출력하는 프로그램을 작성하시오.

ⓘ 입력예

```
3
```

ⓞ 출력예

```
1 2 3
1 3 2
2 1 3
2 3 1
3 1 2
3 2 1
```

소스

```python
def f(step):
    if step > N:
        print(*A)
        return
    for i in range(1, 4):
        if chk[i]: continue
        chk[i] = True
        A.append(i)
        f(step+1)
        A.pop()
        chk[i] = False

N = int(input())
A = []
chk = [False]*4
f(1)
```

설명

- ```
  if step > N:
     print(*A)
     return
  ```

step이 N을 초과하면 N개의 원소가 A리스트에 채워진 것이므로 A리스트의 원소를 출력하고 리턴한다.

- ```
  chk = [False]*4
  ```

리스트에 이미 사용된 숫자를 체크해 둠으로써 새로운 step에서 어떤 숫자를 사용할 수 있는지 확인하기 위해 만든 리스트이다.
처음에는 모두 사용하지 않은 상태이므로 False로 초기화 시켜서 생성한다.

- ```
  if chk[i]: continue
  ```

만약 i에 해당하는 수를 이미 사용하여 chk[i]가 True라면 continue를 통해 다음 반복으로 넘어간다.

- ```
  chk[i] = True
  A.append(i)
  f(step+1)
  A.pop()
  chk[i] = False
  ```

chk[i]가 True가 아닌 경우에 한해 이 문장으로 넘어오게 되므로
이제 i를 사용한 상태로 만들고 (`chk[i] = True`),
A리스트에 추가한 후 (`A.append(i)`),
다음 단계 재귀함수를 호출하여 (`f(step+1)`) 이후의 모든 경우의 출력이 끝나고 돌아오게 되면,
추가한 원소 i를 제거하고(`A.pop()`),
i를 사용하지 않은 상태로 만드는 것이다. (`chk[i] = False`)

자가 진단 5-1

한 줄에 두 개의 정수 S와 E를 입력받아 S에서 E까지의 정수들을 중복을 허용하지 않고 3번 나열하는 모든 경우를 출력하는 프로그램을 작성하시오.
(1≦S≦E−2, E≦10)

ⓘ 입력예

```
2 5
```

ⓞ 출력예

```
2 3 4
2 3 5
2 4 3
⋮
5 4 2
5 4 3
```

자가 진단 5-2

한 줄에 두 개의 정수 N과 M을 입력받아 1에서 M까지의 정수들을 중복을 허용하지 않고 N번 나열하는 모든 경우를 출력하는 프로그램을 작성하시오.
(2≦N≦M≦10)

ⓘ 입력예

```
3 4
```

ⓞ 출력예

```
1 2 3
1 2 4
1 3 2
1 3 4
1 4 2
1 4 3
2 1 3
⋮
4 3 2
```

자가 진단 5-3

1 이상 4 이하의 정수 N을 입력받아, 대문자 알파벳을 중복을 허용하지 않고 N번 나열하는 모든 경우를 출력하는 프로그램을 작성하시오.

ⓘ 입력예

```
3
```

ⓞ 출력예

```
ABC
ABD
ABE
 ⋮
ZYX
```

Q15-6 첫 번째 줄에 1 이상 3 이하의 정수 N을 입력받고, 다음 줄에 정수 K를 입력받아, 1부터 6까지의 정수를 중복을 허용하지 않고 N번 나열하는 경우 중 그 합이 K가 되는 모든 수열을 출력하고, 마지막 줄에 그 경우의 수를 출력하는 프로그램을 작성하시오.

ⓘ 입력예

```
2
5
```

ⓞ 출력예

```
1 4
2 3
3 2
4 1
4
```

소스

```
def f(step, hap):
    global ans
    if step > N:
        if hap == K:
            print(*A)
            ans += 1
        return
    for i in range(1, 7):
        if chk[i]: continue
        chk[i] = True
        A.append(i)
        f(step+1, hap+i)
        A.pop()
        chk[i] = False

N = int(input())
K = int(input())
A = []
chk = [False]*7
```

```
ans = 0
f(1, 0)
print(ans)
```

설명

- `def f(step, hap):`

현재 실행되는 재귀함수가 step번째이고 이전까지 리스트에 포함된 원소들의 합이 hap이다. 이렇게 누적된 합을 매개변수로 전달함으로써 최종적으로 원소의 저장이 끝난 상태에서 리스트의 합을 따로 계산하지 않고 출력 여부를 판단할 수 있다.

- `global ans`

ans는 전역변수(global variable)이기에 그 값을 함수 내에서 수정하기 위해서는 함수 내에서 global 키워드를 통해 재선언해주어야 한다.

-
```
if step > N:
    if hap == K:
        print(*A)
        ans += 1
    return
```

N개의 원소가 채워졌으므로 결과를 처리하고 리턴한다.
결과처리는 출력 조건에 맞다면 즉, 누적된 원소의 합(hap)이 K와 같다면 리스트를 출력하고 개수를 증가시킨다.

자가
진단
6

두 정수 N과 M을 입력받아 1부터 M까지의 정수를 중복을 허용하지 않고 N번 나열하는 모든 경우를 출력하는 프로그램을 작성하시오. (1 ≦ N ≦ M ≦ 10)

ⓘ 입력예

```
3 4
```

ⓞ 출력예

```
123
124
132
134
...
421
423
431
432
```

Q15-7 50 이하의 자연수 N을 입력받아 재귀호출을 이용하여 피보나치 수열에서 N번째 수를 출력하는 프로그램을 작성하시오. 피보나치 수열이란 첫 번째와 두 번째 수는 1이고 세 번째 수부터는 바로 앞 두 수의 합으로 구성된 수열이다. (1 1 2 3 5 8 13 21 …)

ⓘ 입력예	7
ⓞ 출력예	13

소스 1

```
def fibo(n):
    if n < 3: return 1
    return fibo(n - 1) + fibo(n - 2)

N = int(input())
print(fibo(N))
```

설명 1

- ```
  def fibo(n):
    if n < 3: return 1
    return fibo(n - 1) + fibo(n - 2)
  ```

피보나치 수열의 n번째 값을 리턴하는 함수이다.
n이 3보다 작다면(즉, 1이나 2이면) 1을 리턴하고, 3이상이면 피보나치 수열에서 앞의 두 수를 구하여(재귀함수를 호출하여) 그 합을 리턴한다.

fibo(n – 1) + fibo(n - 2)

그런데 이 재귀함수는 매우 비효율적으로 작동한다. 만약 fibo(6)을 호출한다고 가정을 하면 다음과 같이 모두 15회의 호출이 발생된다.
  ```

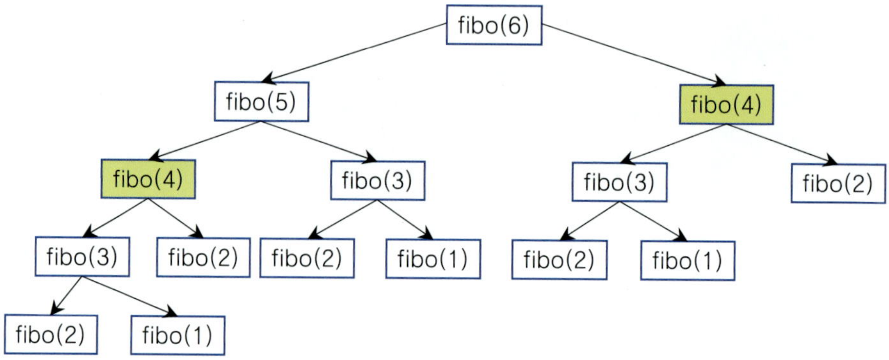

오른쪽 fibo(4)의 경우 왼쪽에서 이미 fibo(3)과 fibo(2)를 호출하여 값을 구한 적이 있음에도 다시 재귀함수를 호출하여 같은 작업을 반복하게 된다. 인수가 커질수록 이러한 불필요한 반복 작업이 기하급수적으로 늘어나게 되어 시간을 허비하게 된다. 이러한 불필요한 작업을 줄이기 위해 값이 한 번 정해진 것은 재귀호출을 하지 않고 그 값을 바로 리턴해 주도록 다음과 같이 소스를 수정하면 훨씬 효율적인 프로그램이 된다.

소스 2

```
def fibo(n):
    if D[n] == 0:
        D[n] = fibo(n - 1) + fibo(n - 2)
    return D[n]

N = int(input())
D = [0] * (N + 1)
D[1] = D[2] = 1
print(fibo(N))
```

설명 2

- `D = [0] * (N + 1)`
  `D[1] = D[2] = 1`

피보나치 수열을 저장하기 위한 리스트 D를 생성하고 D[1]과 D[2]를 1로 초기화한다.

```python
def fibo(n):
    if D[n] == 0:
        D[n] = fibo(n - 1) + fibo(n - 2)
    return D[n]
```

n번째 피보나치 수열이 아직 구해지지 않은 경우에만 재귀함수를 호출하여 값을 구한 후 D[n]에 저장한다. 그리고 그 저장된 값을 리턴한다. 만약 이미 값이 구해져 있다면 재귀함수를 호출하는 작업을 생략하고 바로 그 값을 리턴하면 된다. 이러한 방법을 한 번 구한 답에 대해서는 메모를 해놓고 다시 계산하지 않는다고 하여 **메모이제이션(Memoization)**이라고 부른다.

fibo(6)을 호출할 때 아래와 같이 X표한 호출은 생략이 된다.

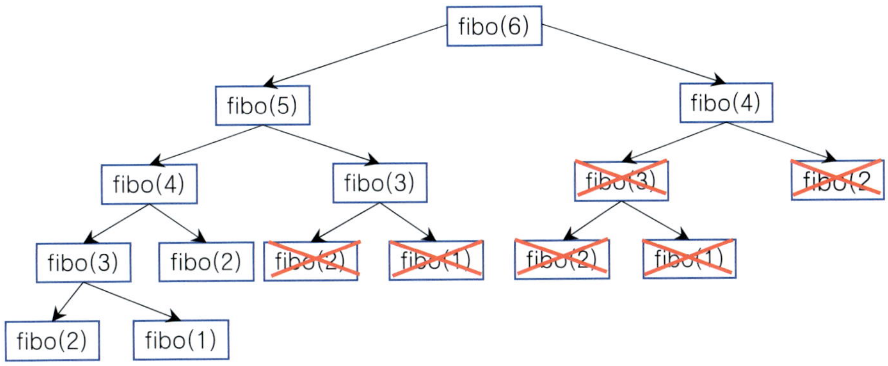

자가진단 7-1

오늘의 피로도는 지난 3일의 피로도를 모두 더한 값으로 결정된다. 첫 3일의 피로도와 정수 N이 입력으로 주어졌을 때, N일째 피로도를 구하는 프로그램을 작성하시오.

ⓘ 입력예

```
1 2 3
7
```

ⓞ 출력예

```
37
```

자가 진단 7-2

첫 번째 수는 1이고 N번째 수는 (N//2)번째 수와 (N-1)번째 수의 합으로 구성된 수열이 있다. 50 이하의 자연수 N을 입력받아 재귀호출을 이용하여 이 수열에서 N번째 수를 출력하는 프로그램을 작성하시오.
(1 2 3 5 7 10 13 18 …)

ⓘ 입력예 8

ⓞ 출력예 18

형성평가 문제

1 반복문을 사용하지 않고 "Hi"를 한 줄에 N번 출력하는 프로그램을 작성하시오.

ⓘ 입력예
```
3
```

ⓞ 출력예
```
Hi Hi Hi
```

2 반복문을 사용하지 않고 N줄에 걸쳐 1부터 N까지 출력 예와 같이 출력하는 프로그램을 작성하시오.

ⓘ 입력예
```
3
```

ⓞ 출력예
```
_1
__2
___3
```

3 정수 N을 입력받아 재귀함수를 이용하여 N부터 1까지 절반씩 쪼개서 나오는 수열을 1부터 N까지 작은 수부터 한줄에 한 개씩 차례대로 출력하고 그 수들의 합을 마지막 줄에 출력하는 프로그램을 작성하시오.

ⓘ 입력예
```
13
```

ⓞ 출력예
```
1
3
6
13
hap = 23
```

4 3자리로 이루어진 자연수 3개를 입력받아 그 수들의 곱을 구한 후 그 결과값의 각 자리 숫자들중 0을 제외한 모든 수들의 곱을 구하여 출력하는 프로그램을 재귀함수로 작성하시오.

ⓘ 입력예	100 123 111
ⓞ 출력예	270

hint:
입력예제의 세 수의 곱은 1365300이다. 그러므로 1 * 3 * 6 * 5 * 3 = 270
1의 자리수 * 1의 자리를 제외한 남은 자리수의 곱 (단, 1의 자리수가 0이면 1로 바꾸어서 곱한다.)

5 첫 번째는 1, 두 번째는 2, 세 번째 이후는 앞의 두 수의 곱을 100으로 나눈 나머지로 이루어진 수열이 있다. 100 이하의 자연수 N을 입력받아 재귀함수를 이용하여 N번째 값을 출력하는 프로그램을 작성하시오.

ⓘ 입력예	8
ⓞ 출력예	92

hint:
1 2 2 4 8 32 56 92 ...

6 100만 이하의 자연수 N을 입력받아 짝수이면 2로, 홀수이면 3으로 나누는 작업을 반복하다가 그 값이 1이 되면 그때까지 나누었던 작업의 횟수를 출력하는 프로그램을 재귀함수로 작성하시오.

ⓘ 입력예	100
ⓞ 출력예	6

hint:
100 → 50 → 25 → 8 → 4 → 2 → 1
100의 횟수는 50의 횟수 + 1이다. 즉 return 함수(n//2 또는 n//3) + 1이 된다.

7 10 이하의 자연수 N을 입력받아 수열 [2, 3, 5]에 있는 수들을 이용하여 만들 수 있는 길이 N의 중복이 허용되는 수열을 모두 출력하는 프로그램을 작성하시오.

ⓘ 입력예

```
3
```

ⓞ 출력예

```
2 2 2
2 2 3
2 2 5
2 3 2
⋮
5 5 3
5 5 5
```

8 자연수 N과 M을 입력받아서 주사위를 N번 던져서 나온 눈의 합이 M이 나올 수 있는 모든 경우를 출력하는 프로그램을 작성하시오.

ⓘ 입력예

```
3 10
```

ⓞ 출력예

```
1 3 6
1 4 5
1 5 4
1 6 3
2 2 6
2 3 5
…
6 2 2
6 3 1
```

hint:
재귀함수에 레벨(level)과 합계(sum_) 두 개의 인수를 전달하여 sum_이 M과 같은 경우에만 출력하도록 한다. (정의 : void dice(int level, int sum_), 호출 : dice(level + 1, sum_ + i))

9 문자열 S를 입력받아 S의 모든 순열을 출력하는 프로그램을 작성하시오 (S는 서로 다른 소문자 알파벳으로만 이루어져 있으며, S의 모든 순열은 S에 있는 문자의 순서를 바꾸어서 만들 수 있는 모든 문자열을 의미한다).

ⓘ 입력예

```
abc
```

ⓞ 출력예

```
abc
acb
bac
bca
cab
cba
```

16
CHAPTER

클래스

Q16-1 이름과 나이를 입력받아 다음과 같이 출력하는 프로그램을 작성하시오.

ⓘ 입력예

```
Bob 15
```

ⓞ 출력예

```
My name is Bob.
I am 15 years old.
```

소스

```python
class Human:
    def __init__(self, x, y):
        self.name = x
        self.age = y

name, age = input().split()
age = int(age)
person = Human(name, age)
print(f"My name is {person.name}.")
print(f"I am {person.age} years old.")
```

설명

– 객체지향 프로그래밍

지금까지 우리는 자료를 중심으로 프로그램을 작성하였다. 예를 들어 어떤 학생의 이름과 성적을 관리하기 위해서 이름을 나타내는 문자열과, 성적을 나타내는 정수를 각각 자료로 만들고 관리하였다.
어떤 학생의 이름, 주소, 학교, 나이, 키, 성적과 같이 자료들을 묶어서 하나의 자료(객체)로 관리하는 방법을 객체지향 프로그래밍이라 한다.

- `class Human:`

학생을 구성하는 자료의 형식을 Human이라는 이름으로 정의한다.
class는 객체를 구성하는 요소들(변수, 메서드)을 묶어서 새로운 자료형으로 만드는 것이다. 여기에서 메서드란 class 내에 선언된 함수를 말한다.
위와 같이 선언을 하게 되면 이제부터 위와 같은 형식으로 구성된 자료를 생성할 수 있게 되는데 이렇게 생성되는 자료를 객체 또는 인스턴스라고 한다.
객체와 인스턴스는 비슷한 용도로 쓰이지만 객체는 독립적으로 쓰일 때, 인스턴스는 class와의 관계를 나타낼 때 주로 사용된다.
클래스 이름의 첫 글자는 대문자로 해주는 것이 일반적이다.

-
```
def __init__(self, x, y):
    self.name = x
    self.age = y
```

__init__는 생성자라고 하며 객체를 생성할 때 한 번 실행되는 메서드이다. 초기값으로 x와 y를 받아서 초기화한다.
self는 객체 자신을 의미하며 self.name = x는 매개변수로 넘어온 x를 자신의 이름으로 초기화하는 것이다.

- `person = Human(name, age)`

person이라는 객체를 생성하고 이름(name)과 나이(age)를 초기화한다.

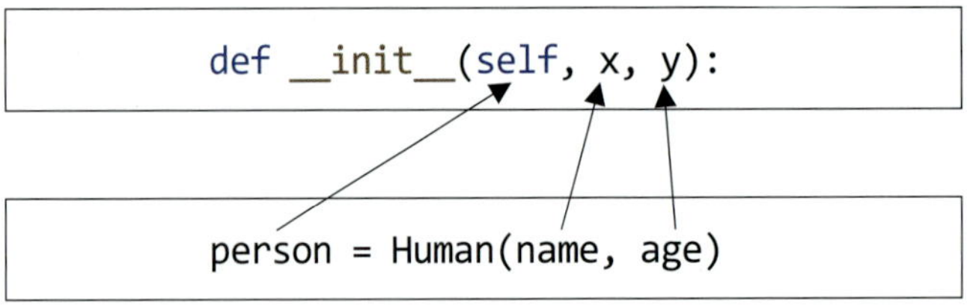

위의 그림은 person이라는 객체를 생성하면서 인수로 넘어가는 값들이 생성자 메서드의 매개변수로 전달되는 과정을 보여준다.
self는 새로 생성되는 person이라는 객체 자신이 되므로 생성자에서의 self.name은 person의 name이 되는 것이다.
person은 Human클래스에 의해 생성된 객체이므로 Human의 인스턴스라고도 한다.

아래의 그림은 p1과 p2라는 2개의 객체를 생성해서 메모리에 저장되는 모습을 보여준다.

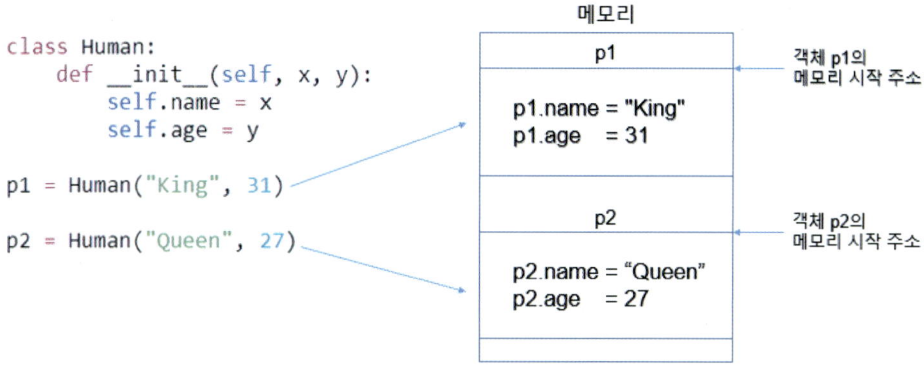

- `print(f"My name is {person.name}.")`
  `print(f"I am {person.age} years old.")`

person의 멤버변수 name과 age를 출력한다.
class로 생성된 객체의 자료는 일반 변수와 달리 여러 자료들이 함께 있으므로 객체 이름만으로는 접근이 불가능하고 객체 이름뒤에 '.' 연산자와 멤버변수 이름을 함께 써야 한다.

자가 진단 1

집이 위치한 도시, 방의 수, 화장실의 수를 입력받아 출력예와 같이 출력하는 프로그램을 작성하시오.

ⓘ 입력예

```
Chico 4 2
```

ⓞ 출력예

```
location: Chico
bedrooms: 4
bathrooms: 2
```

Q16-2 두 명의 이름, 나이를 입력받아 18세 이상이면 'adult' 아니면 'child'라고 정의하고 출력예와 같이 출력하는 프로그램을 작성하시오.

ⓘ 입력예

```
Alex 11
Brown 56
```

ⓞ 출력예

```
Alex(11) : child
Brown(56) : adult
```

소스

```python
class Human:
    def __init__(self, name, age):
        self.namename
        self.ageage
        if age >= 18: self.status = 'adult'
        else: self.status = 'child'
    def output(self):
        print(f"{self.name}({self.age}) : {self.status}")

name, age = input().split()
p1 = Human(name, int(age))
name, age = input().split()
p2 = Human(name, int(age))
p1.output()
p2.output()
```

설명

- ```python
  if age >= 18: self.status = 'adult'
  else: self.status = 'child'
  ```

매개변수 age의 값을 기준으로 status 변수를 생성해서 값을 초기화한다. 생성자는 매개변수로 넘어온 자료뿐 아니라 새로운 변수를 생성해서 초기화 할 수 있다.
  ```

• def output(self):
```
def output(self):
    print(f"{self.name}({self.age}) : {self.status}")
```

위에서 클래스 안에 구현된 함수를 '메서드'라고 했다. output 메서드는 해당 객체의 name, age, status 속성의 값을 형식에 맞게 출력하는 역할을 한다. self가 매개변수로 있기에 **객체이름.output()**과 같이 호출하여 사용할 수 있다.

p1과 p2는 같은 형식의 데이터를 갖는 서로 다른 두 객체이며, 두 객체 모두 클래스 Human의 설계도에 맞춰 만들어졌다.

아래 표는 지금까지 사용된 객체지향 프로그래밍의 용어들을 간단하게 정리해 본 것이다.

클래스 (Class)	객체의 설계도로 객체를 구성할 속성 및 기능을 정의
객체 (Object)	속성과 기능을 갖는 데이터 단위
인스턴스 (Instance)	클래스로 만들어진 객체
메서드 (Method)	클래스에 종속된 함수
생성자 (constructor)	인스턴스를 생성시키는 메서드

자가진단 2

두 명의 야구선수의 이름, 타수, 안타수를 입력받아 출력예와 같이 이름, 타율, 타수, 안타 수를 출력하는 프로그램을 작성하시오. 타율은 안타 수를 타수로 나눈 값으로 반올림하여 소수점 세 자리까지 출력한다.

ⓘ 입력예
```
Betts 58 23
Mikes 59 22
```

ⓞ 출력예
```
name:Betts, AVG:0.397, AB:58, H:23
name:Mikes, AVG:0.373, AB:59, H:22
```

Q16-3 건물의 개수 N을 입력받고, N개 건물의 건축연도와 가격을 입력받은 후, 마지막 줄에 두 개의 정수 Y와 P를 입력받아 건축연도가 Y년 이상이면서 가격이 P원 이하인 건물들을 입력받은 순서대로 모두 출력하는 프로그램을 작성하시오.

ⓘ 입력예

```
4
2012 130
1998 30
2004 80
2024 90
2000 100
```

ⓞ 출력예

```
2004 80
2024 90
```

소스

```python
class Building:
    def __init__(self):
        self.year, self.price = map(int, input().split())

    def chk(self):
        return self.year >= Y and self.price <= P

    def output(self):
        if not self.chk(): return
        print(self.year, self.price)

N = int(input())
buildings = [Building() for _ in range(N)]
Y, P = map(int,input().split())
for building in buildings:
    building.output()
```

설명

```python
• buildings = [Building() for _ in range(N)]
```

N개의 Building 인스턴스를 생성하여 리스트로 저장한다.

```python
• def __init__(self):
      self.year, self.price = map(int, input().split())
```

생성자 안에서 입력을 받아 인스턴스의 속성을 정해준다. 생성자는 객체가 생성되는 순간마다 실행이 되므로, 객체가 만들어지면 자동으로 자료를 입력 받아서 초기값을 정해준다.

```python
• def chk(self):
      return self.year >= Y and self.price <= P
```

chk()는 self.year >= Y가 True이고, self.price <= P도 True이면 True를 반환하고, 둘 중 하나라도 거짓이라면 False를 반환하는 함수다.

```python
• def output(self):
        if not self.chk(): return
        print(self.year, self.price)
```

메서드 안에서 다른 메서드를 호출하는 것은 물론 재귀함수도 가능하다. output() 메서드가 chk()메서드를 호출하여 만약 chk()가 False를 반환했다면 해당 함수를 종료시키고, 아니라면 아래 출력을 실행시킨다.

자가진단 3

정수 N과 M을 입력받고 N개의 축구팀의 이름과 승점을 입력받은 후 승점이 M 이상인 팀의 이름을 입력받은 순서의 역순으로 출력하는 프로그램을 작성하시오.

ⓘ 입력예

```
4 20
Liver 21
Toham 24
Manch 15
Luton 7
```

ⓞ 출력예

```
Toham
Liver
```

Q16-4 나와 친구 두 사람의 키와 몸무게를 입력받아 각각의 내용을 출력하고, 두 사람의 키와 몸무게의 합, 차의 절대값, 그리고 평균을 각각 구하여 출력하는 프로그램을 작성하시오. 키는 정수로 하고, 몸무게는 실수로 하되 반올림하여 소수 첫째자리까지 출력한다.

ⓘ 입력예

```
당신의 키와 몸무게를 입력하세요. 150 35
친구의 키와 몸무게를 입력하세요. 145 41.2
```

ⓞ 출력예

```
my 키: 150, 몸무게: 35.0
friend 키: 145, 몸무게: 41.2
plus 키: 295, 몸무게: 76.2
minus 키: 5, 몸무게: 6.2
avg 키: 147, 몸무게: 38.1
```

소스

```
class Body:
    def __init__(self, he, we):
        self.he = he
        self.we = we
    def __add__(self, other):
        return Body(self.he + other.he, self.we + other.we)
    def __sub__(self, other):
        return Body(abs(self.he - other.he), abs(self.we - other.we))
    def __truediv__(self, num):
        if num == 0:
            print('ERROR! 0으로 나눌수 없습니다.')
            num = 1
        return Body(self.he // num, self.we / num)
    def __str__(self):
        return f"키: {self.he}, 몸무게: {round(self.we, 1)}"

he, we = input("당신의 키와 몸무게를 입력하세요.").split()
```

```
my = Body(int(he), float(we))
he, we = input("친구의 키와 몸무게를 입력하세요.").
    split()
friend = Body(int(he), float(we))

print('my', my)
print('friend', friend)
add_data = my + friend
print('plus', add_data)
print('minus', my - friend)
print('avg', add_data / 2)
```

설명

– 연산자 오버로딩

파이썬에서 연산자 오버로딩은 클래스의 인스턴스에 대해 표준 연산자(+, -, *, / 등)의 동작을 사용자 정의하는 기능이다. 이를 통해 객체 간의 연산을 직관적이고 편리하게 수행할 수 있다.

연산자 오버로딩을 위해 파이썬은 특수 메소드(매직 메소드)를 제공하며 이 메소드들은 __ (더블 언더스코어)로 시작하고 끝나는 이름을 가지고 있다.

- `def __add__(self, other):`
  `return Body(self.he + other.he, self.we + other.we)`

덧셈 연산자(+)의 동작을 정의한다. 덧셈 연산자를 사용해서 두 개의 객체를 전달하면 각각의 키와 몸무게를 더한 결과를 객체로 생성하여 리턴한다.

- `add_data = my + friend`

위 __add__ 함수에 my와 friend 객체를 전달하여 리턴받은 결과값을 add_data 객체에 저장한다.

결과적으로 __add__ 함수명을 일반함수 add로 정의하고, my + friend는 add(my, friend)라고 호출하는 것과 같은 것이다.

• `def __sub__(self, other):`

```
    return Body(abs(self.he - other.he), abs(self.we - other.we))
```

빨셈 연산자(-)의 동작을 정의한다.
abs를 이용해서 절대값을 리턴하도록 정의하였다.

• `def __truediv__(self, num):`

```
    if num == 0:
        print('ERROR! 0으로 나눌수 없습니다.')
        num = 1
    return Body(self.he // num, self.we/num)
```

나눗셈 연산자(/)의 동작을 정의한다.
나눗셈은 0으로 나누는 경우 에러가 발생하므로 0으로 나누는 연산은 1로 나누어 원래의 값을 그대로 리턴하게 한 것이다.
키의 경우에는 '//' 연산자를 이용하여 정수 연산을, 몸무게는 '/' 연산자를 이용하여 실수 연산을 하도록 정의하였다.

• `def __str__(self):`

```
    return f"키: {self.he}, 몸무게: {round(self.we, 1)}"
```

__str__ 매직 메소드는 클래스의 인스턴스를 문자열로 표현하는 방법을 정의하고 있다. 이 메소드는 클래스의 인스턴스를 print() 함수나 str() 함수를 사용하여 문자열로 변환할 때 호출된다.

• `print('my', my)`

my 객체를 호출하면 __str__ 매직 메소드를 호출하여 지정된 형식의 문자열을 반환한다.

아래 표는 대표적으로 사용되는 매직 메서드(magic methods)를 정리한 것이다.

매직 메서드(magic methods)	
__init__(self)	클래스 생성자
__str__(self)	객체 자체를 출력할 때의 문자열 반환
__add__(self, other)	self + other
__sub__(self, other)	self - other
__mul__(self, other)	self * other
__truediv__(self, other)	self / other
__floordiv__(self, other)	self // other
__mod__(self, other)	self % other
__pow__(self, other)	self ** other
__eq__(self, other)	self == other
__ne__(self, other)	self != other
__lt__(self, other)	self < other
__gt__(self, other)	self > other
__le__(self, other)	self <= other
__ge__(self, other)	self >= other

이 외에도 다양한 매직 메서드가 존재한다.
print(dir(int))를 실행시켜 더 많은 매직 메서드를 확인해보자.

자가진단 4

x와 y 두 개의 속성을 가진 두 점의 좌표를 입력받아 연산자 오버로딩을 위한 매직메서드를 작성하여 두 점의 합과 차, 중심점(두 점의 중간지점)의 좌표를 출력하는 프로그램을 작성하시오. x, y좌표는 실수이며 반올림하여 소수 첫째자리까지 출력한다.

ⓘ 입력예

```
10.0 36.2
12.6 5.0
```

ⓞ 출력예

```
add = (22.6, 41.2)
sub = (-2.6, 31.2)
center = (11.3, 20.6)
```

Q16-5 사람의 수 N을 입력받고 다음줄부터 N명의 이름과 나이를 입력받은 후, 나이를 기준으로 내림차순으로 정렬하여 모든 사람의 정보를 출력예와 같은 형식으로 출력하는 프로그램을 작성하시오.

ⓘ 입력예	3 Jack 29 King 31 Queen 27
ⓞ 출력예	Name:King, Age:31 Name:Jack, Age:29 Name:Queen, Age:27

소스

```
class Human:
    def __init__(self, x, y):
        self.name = x
        self.age = y

    def __lt__(self, other):
        return self.age < other.age

    def __str__(self):
        return f"Name:{self.name}, Age:{self.age}"

def selection_sort():
    for i in range(N-1):
        for j in range(i+1, N):
            if people[i] < people[j]:
                people[i], people[j] = people[j], people[i]

N = int(input())
people = []
for _ in range(N):
    name, age = input().split()
```

```
    person = Human(name, int(age))
    people.append(person)

selection_sort()
for person in people:
    print(person)
```

설명

- `def __lt__(self, other):`
  `    return self.age < other.age`

__lt__(self, other)는 self 〈 other를 판단하는 기준을 정의해주는 매직 메서드다. 연산자 '〈' 는 영어로 less than이라고 읽는다. 이를 줄여 __lt__로 표현한 것이다. 해당 메서드에서 정의하는 기준에 따라 '〈' 연산자를 사용한 결과가 True가 될 수도 False가 될 수도 있다.

- `if people[i] < people[j]:`
  `    people[i], people[j] = people[j], people[i]`

people[i]가 people[j]보다 작으면 둘을 바꾸라는 코드다. 문제는 people[i]나 people[j]가 여러 개의 데이터를 가지고 있으므로 매직 메서드가 정의되어 있지 않다면 에러가 발생할 것이다.

여기에서는 __lt__매직 메서드에 의해 나이를 기준으로 작은지의 여부를 판단하게 될 것이다.

자가 진단 5

점의 개수 N을 입력받고 좌표평면상의 N개의 점에 대한 좌표값을 나타내는 x, y 두 개의 실수를 입력받아서, X좌표가 가장 작은 점부터 큰 점까지 순서대로 출력하는 프로그램을 작성하시오. 단, X좌표가 같다면 Y좌표가 더 큰 값이 먼저 출력된다.

ⓘ 입력예

```
5
1.2  3.6
2.5  4.3
1.8  2.9
1.2  5.0
1.0  1.0
```

ⓞ 출력예

```
(1.0,  1.0)
(1.2,  5.0)
(1.2,  3.6)
(1.8,  2.9)
(2.5,  4.3)
```

형성평가 문제

1 동물의 종류, 이름, 나이를 자료로 갖는 class를 정의하고 자료를 입력받아서 클래스를 이용하여 출력 예와 같이 출력하는 프로그램을 작성하시오.

ⓘ 입력예	Dog Happy 7
ⓞ 출력예	Type: Dog Name: Happy Age: 7

2 두 스마트폰의 기종, 색상, 가격을 입력받아 각각 출력 예와 같이 출력하는 프로그램을 작성하시오.

ⓘ 입력예	Aphone White 100 GPhone Black 200
ⓞ 출력예	Aphone(White) $100 GPhone(Black) $200

3 파이썬과 파이군은 이번에 새로 출시된 몬스터게임을 하려고 한다. 몬스터 게임은 각 플레이어가 각기 다른 체력(HP)과 공격력(ATK)을 갖는 몬스터를 하나씩 갖고 시작하여 매 턴마다 서로 한 대씩 공격을 동시에 하며 둘 중 하나의 체력(HP)가 0이 되면 종료되는 게임이다. 공격을 한 회 진행하면 상대의 체력(HP)를 본인의 공격력(ATK)만큼 감소시킨다. 최종적으로 체력이 0이 안되고 살아남은 승자가 파이썬이라면 "PYTHON", 파이군이라면 "PYGOON", 둘 다 동시에 체력(HP)이 바닥났다면 "TIE"라고 출력하는 프로그램을 작성하시오. (뺄셈(-) 매직 매서드를 반드시 사용해서 작성해야 한다.)

ⓘ 입력예	200 20 500 5
ⓞ 출력예	PYTHON

4 사람수 N을 입력받고, N명의 이름과 나이를 입력받아 가장 나이가 많은 사람의 이름을 출력하는 프로그램을 작성하시오. 단, 가장 나이가 많은 사람이 여럿인 경우 입력받은 순서대로 모두 출력한다.

ⓘ 입력예	4 Margaret 10 Elizabeth 8 Joshua 9 Deborah 10
ⓞ 출력예	Margaret Deborah

5 다섯 명의 이름, 키, 몸무게를 입력받아 키 순서대로 작은 사람부터 큰 사람까지 이름을 출력하는 프로그램을 작성하시오. 단, 키가 같다면 몸무게가 더 작은 사람이 먼저 출력된다. (키는 정수이고 몸무게는 실수이다.)

ⓘ 입력예	Park 175 66.2 Lee 185 82.5 Choo 185 81.3 Son 193 99.3 Kim 188 70.3
ⓞ 출력예	Park Choo Lee Kim Son

CHAPTER 17

파일 입출력

Q17-1 "input.txt" 파일로부터 이름과 국어, 영어점수를 입력받아 이름과 합계, 평균을 화면과 "output.txt" 파일에 출력하는 프로그램을 작성하시오.

ⓘ 입력예	Kim 90 95
ⓞ 출력예	Kim 185 92.5

소스

```
infile = open("input.txt", "r")
outfile = open("output.txt", "w")

indata = infile.readline()
name, kor, eng = indata.split()
sum = int(kor) + int(eng)
avg = sum / 2.0

outdata = f"{name} {sum} {avg:.1f}"

print(outdata)
outfile.write(outdata)
infile.close()
outfile.close()
```

설명

– 스트림

입력과 출력을 위해서는 스트림이 필요하다. 스트림이란 서로 다른 개체를 연결해주는 다리 역할을 하는 것이다. 키보드로 입력을 하면 "stdin"이라는 표준입력 스트림을 이용하여 프로그램에 자료가 전달된다. 그리고 화면에 출력을 하기 위해서는 "stdout"이라는 표준출력 스트림을 이용하여 자료가 모니터로 보내지는 것이다.

표준입출력 스트림은 운영체제에 의해 미리 정의되어 있고 표준입출력 함수를 실행하면 자동으로 표준입출력 스트림을 호출하여 자료를 전송하게 된다.

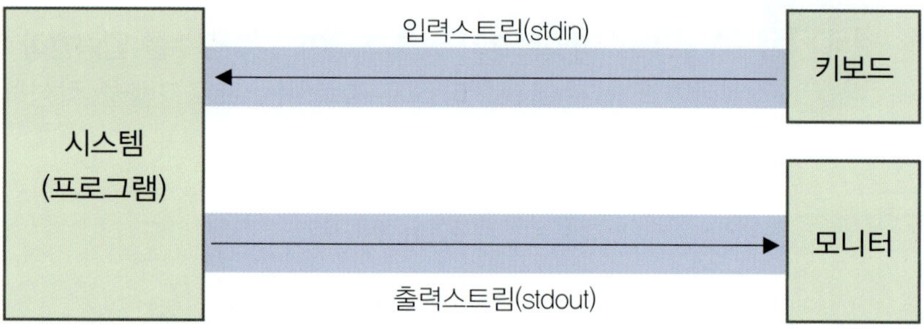

그런데, 위와 같이 키보드와 모니터가 아니라 파일로부터 자료를 입력받거나 파일에 자료를 저장하고자 할 경우에는 파일과의 연결을 위한 스트림을 사용자가 직접 정의하여 사용하여야 한다.

• `infile = open("input.txt", "r")`

입력파일스트림 객체를 생성한다. `"input.txt"` 파일을 읽기 전용으로 오픈하고 **infile**이라는 객체에 연결하였다는 의미이다. 앞으로 **infile**이라는 객체를 이용하여 읽기를 실행하면 `"input.txt"` 파일에서 자료를 읽어 온다는 것이다. 파일명에 경로가 없으면 프로그램 파일이 있는 폴더를 기본경로로 연결한다. 마지막 문자 `"r"`은 파일접근 모드(읽기, 쓰기)를 설정하는 것으로 아래와 같은 종류가 있다.

r	파일을 읽기 전용모드로 개방한다.
w	파일을 쓰기 전용모드로 개방한다. 기존 파일에 있던 자료는 모두 삭제되고 파일이 존재하지 않으면 새로 생성한다.
a	"W"와 같으나 기존파일에 있던 자료를 삭제하지 않고 파일의 끝에 이어서 자료를 추가하여 기록한다.

"r+", "w+", "a+"와 같이 "+" 기호를 붙이면 읽기와 쓰기가 동시에 가능하도록 파일을 오픈하지만 일반적으로 사용하지 않으며 "r"과 "w"를 주로 사용한다.

• `outfile = open("output.txt", "w")`

출력 파일스트림 객체를 생성한다. `"output.txt"` 파일을 쓰기 전용으로 오픈하고 `outfile`이라는 객체에 연결하였다는 의미이다. 앞으로 `outfile`이라는 객체를 이용하여 쓰기를 실행하면 `"output.txt"` 파일에 자료를 기록한다는 것이다. 위 두 문장을 실행하면 아래와 같은 스트림이 생성된다.

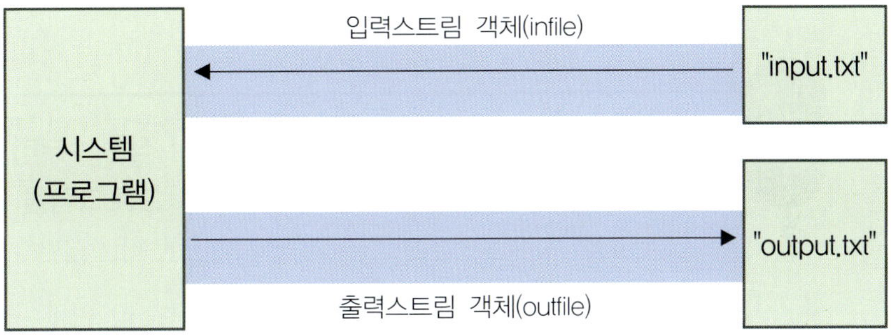

• `indata = infile.readline()`

객체 "infile"과 연결된 파일(input.txt)로부터 자료를 입력받는다.

만약 위의 내용을 파일이 아닌 키보드로 입력받기 위해서는 어떻게 할까?

`indata = input()` 이것이 기존에 익힌 방법이다.

`infile.readline()`은 파일에서 한 줄을 읽어오는 것이다.

• `outfile.write(outdata)`

객체 "outfile"과 연결된 파일(output.txt)에 출력자료를 기록한다. 표준입출력의 print(outdata)와 같지만 여기서는 자동개행 또는 자동한칸 띄기 등이 실행되지 않는다.

• `infile.close()`
  `outfile.close()`

해당 객체에 연결된 파일을 닫는다.

함수가 종료될 때는 해당함수에서 개방한 모든 파일이 자동으로 닫히고 프로그램이 종료될 때에는 모든 파일이 자동으로 닫히기는 하지만 예기치 않게 프로그램이 중단될 경우를 대비하여 작성해 주는 것이 좋다.

> **TIP**
>
> 위의 프로그램을 실행하기 위해서는 소스파일(py)이 있는 위치에 "input.txt" 파일을 생성하여 입력할 내용을 저장해 놓아야 한다. 프로그램을 실행하면 "print" 함수에 의해 모니터에 결과값이 출력되고 "outfile.write" 함수에 의해 "output.txt" 파일에 결과값을 저장하게 된다. 만약 해당 위치에 "output.txt" 파일이 없다면 자동으로 생성을 하여 저장을 한다.

자가진단 1

'input.txt' 파일에서 두 개의 정수를 입력받아 작은 수부터 큰 수까지 모든 정수의 합을 구하여 'output.txt' 파일에 출력하는 프로그램을 작성하시오.

ⓘ 입력예	5 10
ⓞ 출력예	45

Q17-2 현재 프로젝트 폴더의 하위에 "temp" 폴더를 생성하고 "temp"폴더의 "in.txt" 파일로부터 10개의 정수를 입력받아 짝수 번째 입력받은 정수를 "temp" 폴더의 "out.txt" 파일에 출력하는 프로그램을 작성하시오.

ⓘ 입력예	15 23 1 100 35 99 123 20 5 456
ⓞ 출력예	23 100 99 20 456

소스

```
infile = open("temp\\in.txt", "r")
outfile = open("temp\\out.txt", 'w')
numlist(map(int, infile.readline().split()))
for i in range(1, 10, 2):
    outfile.write(f"{num[i]} ")
infile.close()
outfile.close()
```

설명

- `infile = open("temp\\in.txt", "r")`

현재 폴더(프로그램 파일이 있는 폴더)의 하위에 있는 temp 폴더에서 "in.txt" 파일을 읽기 전용으로 열어서 infile객체에 연결한다.
위와 같이 현재 위치를 기준으로 어떤 폴더의 위치를 나타내는 것을 상대경로라 한다. 반면에 현재 위치와 관계없이 컴퓨터 내에서 어떤 폴더의 위치를 나타내는 것을 절대경로라 하고 이 경우에는 전체주소를 적어 주어야 한다.
경로를 나타내기 위해 백슬래시('\')를 두 개 붙이는 이유는 한 개만 붙이는 경우 '\n'이나 '\t'와 같이 특수문자를 표현하기 위한 이스케이프 문자로 사용되기 때문에 백슬래시로 사용하는 용도를 구분하기 위해 두 개를 붙여서 '\\'로 표현한다.

- `outfile.write(f"{num[i]} ")`

outfile 스트림에 연결된 파일에 num[i]의 값을 출력한다.
write 메소드는 문자열만을 인수로 받기 때문에 `outfile.write(num[i])`처럼 정수나 다른 데이터 타입을 직접 전달하면 에러가 발생한다.

따라서 문자열 함수(str)를 이용하여 `outfile.write(str(i) + " ")`처럼 작성하거나 위와 같이 f-string을 이용하여 포매팅을 해 주어야 한다.

자가진단 2

"c:₩pycode" 폴더에서 "in.txt" 파일로부터 10개의 실수를 입력받아 같은 폴더의 "out.txt" 파일에 첫 번째 입력 값과 마지막 입력 값의 평균을 반올림하여 소수 첫째자리까지 출력하는 프로그램을 작성하시오.

ⓘ 입력예 15.3 123.5 0.69 85.12 3.0 51.9 100.1 1.58 5.5 10.5

ⓞ 출력예 12.9

hint: `infile = open("c:\\pycode\\in.txt", "r")`

Q17-3

"in.txt" 파일에서 한글로 된 3개의 단어를 입력받아 "out.txt" 파일에 출력하는 프로그램을 작성하시오.

ⓘ 입력예	파이썬 코딩 정올
ⓞ 출력예	파이썬 코딩 정올

소스

```
infile = open("in.txt", "r", encoding="UTF-8")
outfile = open("out.txt", "w", encoding="UTF-8")
indata = infile.readline()
A, B, C = indata.split()
outdata = f"{A} {B} {C}"
outfile.write(outdata)
infile.close()
outfile.close()
```

설명

- `encoding="UTF-8"`

파일입출력을 할 때 아스키코드가 아닌 한글과 같은 유니코드의 경우 ���처럼 글자 깨짐 현상이 일어날 수 있다. UTF-8은 가장 많이 사용되는 유니코드 인코딩 방법으로, open 함수에 encoding 옵션을 "UTF-8"로 설정해주면 한글도 깔끔하게 파일 입출력이 된다.

자가 진단 3

"input.txt" 파일에서 10개의 실수를 입력받아 "out.txt" 파일에 첫 번째 입력 값과 마지막 입력 값의 평균을 반올림하여 소수 첫째자리까지 출력하는 프로그램을 작성하시오.

ⓘ 입력예	15.3 123.5 0.69 85.12 3.0 51.9 100.1 1.58 5.5 10.5
ⓞ 출력예	12.9

Q17-4 100명 이하의 성적자료가 저장되어 있는 "input.txt" 파일로부터 모든 학생의 이름과 점수를 입력받아 "output.txt" 파일에 1등부터 차례대로 출력하는 프로그램을 작성하시오.

ⓘ 입력예

```
홍길동 90
임꺽정 85
이몽룡 88
변학도 75
심봉사 100
옥단춘 90
임경업 75
별주부 90
전우치 95
오가누 60
```

ⓞ 출력예

```
 이름  점수  등수
심봉사 100    1
전우치  95    2
옥단춘  90    3
별주부  90    3
홍길동  90    3
이몽룡  88    6
임꺽정  85    7
변학도  75    8
임경업  75    8
오가누  60   10
```

소스

```python
class Student:
    def __init__(self, name, score):
        self.name = name
        self.score = score
        self.rank = 1

infile = open("input.txt", 'r', encoding="UTF-8")
```

```python
outfile = open("output.txt", 'w', encoding="UTF-8")
student = []

while True:
    line = infile.readline()
    if not line: break
    name, score = line.split()
    student.append(Student(name, int(score)))

n = len(student)
for i in range(n - 1):
    for j in range(i + 1, n):
        if student[i].score < student[j].score:
            student[i], student[j] = student[j], student[i]

for i in range(1, n):
    if student[i].score == student[i - 1].score:
        student[i].rank = student[i - 1].rank
    else:
        student[i].rank = i + 1

outfile.write(" 이름 점수 등수\n")
for s in student:

outfile.write(f"{s.name}{s.score:4d}{s.rank:4d}\n")
infile.close()
outfile.close()
```

설명

- ```python
  while True:
      line = infile.readline()
      if not line: break
      name, score = line.split()
      student.append(Student(name, int(score)))
  ```

파일로부터 줄 단위로 차례대로 입력을 받아 student 리스트에 추가하는 작업을 반복하다가 더 이상 입력 자료가 없으면 종료한다.

if not line: 은 line에 입력받은 자료가 없으면 참이 된다.
  ```

```
• if student[i].score == student[i - 1].score:
      student[i].rank = student[i - 1].rank
  else:
      student[i].rank = i + 1
```

현재 학생(i)의 점수가 직전의 학생(i - 1)의 점수와 같으면 등수를 직전 학생의 등수로 하고 그렇지 않으면 i + 1로 한다.
동점자는 같은 등수로 처리하는 것이다.

자가 진단 4

"input.txt" 파일에 있는 모든 학생의 이름과 점수를 입력받아 이름과 점수, 등수를 공백으로 구분하여 입력받은 순서대로 "output.txt" 파일에 출력하는 프로그램을 작성하시오.

ⓘ 입력예

```
Hong 90
Lim 85
Park 88
Gong 75
Lee 100
Seo 90
Jang 75
Song 90
Kim 95
Sung 60
```

ⓞ 출력예

```
Name Score Rank
Hong 90 3
Lim 85 7
Park 88 6
Gong 75 8
Lee 100 1
Seo 90 3
Jang 75 8
Song 90 3
Kim 95 2
Sung 60 10
```

hint: 1등으로 초기화 한 후 자신보다 높은 점수가 나올 때마다 등수를 1씩 올린다.

Q17-5 문자열 두 줄이 저장된 "input.txt" 파일에서 문자열을 입력받아, 순서를 바꿔서 "output.txt" 파일에 출력하는 프로그램을 작성하시오.

ⓘ 입력예	WARNING Do not feed the animals!
ⓞ 출력예	Do not feed the animals! WARNING

소스

```
with open('input.txt','r') as infile:
    a = infile.readline()
    b = infile.readline()
    outfile = open('output.txt','w')
    outfile.write(b)
    outfile.write(a)
```

설명

• `with open('input.txt','r') as infile:`

기존 방식처럼 infile = open('input.txt','r')로 사용하여도 상관없지만, 해당 문장의 경우 프로그램이 실행되는 폴더에 'input.txt'라는 파일이 없는 경우, 에러가 발생하게 된다. 이를 위 문장처럼 처리하면, 'input.txt'가 문제 없이 열렸을 경우에만 들여쓰기 블록으로 들어가고, 아닌 경우에는 들여쓰기 블록을 무시하는 형식으로 프로그램이 작동하게 되므로, 더 안전한 프로그램이 된다.

이렇게 평소에는 문제없지만, 특정 상황일 때 발생하는 에러를 "예외(Exception)"이라고 한다. 파이썬에서는 원래 예외 처리 장치인 try-except 문이 존재하나, 이 책에서는 프로그래밍에 필요한 기본적인 문법만을 다루므로 다루지 않는다.

자가 진단 5

"input.txt" 파일에서 공백을 포함한 100자 이하의 문자열을 두 번 입력받아 "output.txt" 파일에 길이가 작은 문자열과 긴 문자열의 순으로 출력하는 프로그램을 작성하시오. 만약 길이가 같다면, 입력받은 순서 그대로 출력하시오.

ⓘ 입력예

```
Love, like you've never been hurt.
Live, like today is the lost day to live
```

ⓞ 출력예

```
Love, like you've never been hurt.
Live, like today is the lost day to live.
```

Q17-6 100줄 이하의 문장이 저장된 "input.txt" 파일에서 모든 문장을 입력받아, 그대로 화면에 출력하는 프로그램을 작성하시오.

ⓘ 입력예

```
You raise me up, so I can stand on mountains
You raise me up, to walk on stormy seas
I am strong, when I am on your shoulders
You raise me up to more than I can be
```

ⓞ 출력예

```
You raise me up, so I can stand on mountains
You raise me up, to walk on stormy seas
I am strong, when I am on your shoulders
You raise me up to more than I can be
```

소스

```python
with open('input.txt','r') as infile:
    while True:
        sentence = infile.readline()
        if sentence == '': break
        print(sentence)
```

설명

- 한 줄씩 입력받은 문장들을 출력하다가, 더 이상 입력받을 문장이 없으면 종료하는 프로그램이다. 파일에 정확히 몇 문장이 있는지 모를 때 사용할 수 있는 방법이다.

• `if sentence == '': break`

만약 입력받은 문장 sentence가 더 이상 입력받을 것이 없어서 ' '이 저장되게 되면 반복문을 빠져나오는 조건문이다.

• `sentences.append(sentence.strip())`

readline()으로 입력받은 문장은 반드시 엔터(개행 문자, '\n')이 포함되어 있으므로, strip()을 써서 보이지 않는 개행 문자를 지워 주는 것이 좋다. 물론 이를 생략하고, 추후에 outfile.write(sentence)라고 써도 이 문제에서만큼은 상관 없으나, 자료를 가공되지 않은 형태로 가지고 있는 것은 결코 좋은 습관이 아니다.

자가 진단 6

100 이하의 정수 N을 입력 받은 후 N행에 걸쳐 공백이 포함된 문장을 입력 받고, 입력 받은 반대 순으로 출력하는 프로그램을 작성하시오.
각 문장의 길이는 100 이하이다.

ⓘ 입력예

```
3
I love korea.
My name is chulgi.
I'm happy
```

ⓞ 출력예

```
I'm happy.
My name is chulgi.
I love korea
```

Q17-7 "input.txt" 파일로부터 두 정수 x와 y를 입력받아, x의 y제곱을 "output.txt" 파일에 출력하는 구하는 프로그램을 작성하시오. (단 입출력 형식은 표준 입출력 방식으로 작성한다.).

ⓘ 입력예	5 3
ⓞ 출력예	125

소스

```
import sys
sys.stdin = open("input.txt", "r")
sys.stdout = open("output.txt", "w")
x, y = map(int, input().split())
print(x**y)
```

설명

- `sys.stdin = open("input.txt", "r")`

stdin은 원래 키보드로부터 입력을 받도록 정의된 표준입력 스트림이다. 위와 같이 작성하면 이후부터 표준입력 스트림으로 입력받는 문장은 "input.txt" 파일로부터 입력받도록 스트림의 경로를 바꾸어주는 것이다.

sys 모듈은 파이썬 프로그램의 내부적인 설정을 바꿀 수 있는 강력한 모듈이며, 표준 입력 스트림(sys.stdin) 과 표준 출력 스트림(sys.stdout)도 여기에 들어 있다.
다만 이 문장을 사용한 뒤에는 키보드나 모니터와 같은 터미널에서의 입출력이 불가능하게 된다.

- `x, y = map(int, input().split())`

표준입력의 형식이지만 "input.txt" 파일에서 입력을 받아오게 된다.
만약 맨위의 세 줄을 주석처리하고 실행하게 되면 원래대로 키보드로 입력받아서 모니터에 출력하는 형식이 된다.

자가
진단
7

표준입출력 형식으로 "input.txt" 파일로부터 원의 둘레의 길이를 입력받아 "output.txt" 파일에 반지름의 길이를 출력하는 작업을 0이 입력될 때까지 반복하는 프로그램을 작성하시오. (원주율은 3.14로 하고 출력은 반올림하여 소수 둘째자리까지 한다.)
(hint: 원의 둘레 = 반지름 * 2 * 원주율)

ⓘ 입력예

```
31.4
62.8
0
```

ⓞ 출력예

```
5.00
10.00
```

형성평가 문제

아래 모든 문제의 입력은 "input.txt"파일에서 받아서 결과값은 "oitput.txt"에 출력한다.

1 실수 2개를 입력받아 합계를 구하고 각각 소수 셋째 자리에서 반올림하여 둘째 자리까지 한 줄에 출력하는 프로그램을 작성하시오.

ⓘ 입력예　80.504 22.34

ⓞ 출력예　80.50 22.34 102.84

2 3개의 정수를 입력받아 합계와 평균을 구하여 출력하되 평균은 정수부분만 출력하고 나머지를 예와 같이 출력하는 프로그램을 작성하시오.

ⓘ 입력예　36 85 100

ⓞ 출력예　221 73...2

3 두 정수와 한 개의 연산자(+, −, *, /, %)를 입력받아 계산식을 출력하는 프로그램을 작성하시오.

ⓘ 입력예　82 51 +

ⓞ 출력예　82 + 51 = 133

4 수 n(n≤10)을 입력받아 n!을 구하여 출력하는 프로그램을 작성하시오.

ⓘ 입력예
```
5
```

ⓞ 출력예
```
120
```

5 한 줄에 여러 개의 정수를 입력받아 3의 배수이면서 5의 배수인 정수를 입력된 순서대로 모두 출력하고 다음 줄에 그 개수를 출력하는 프로그램을 작성하시오. 한 개도 없을 경우에는 첫 줄에 "0"만 출력한다. 입력되는 정수의 최대 개수는 1000개이다.

ⓘ 입력예
```
10 20 30 55 66 77 88 99 100 15
```

ⓞ 출력예
```
30 15
2
```

6 100 이하의 정수를 입력받아 예와 같이 출력하는 프로그램을 작성하시오.. ('*'는 1칸의 공백으로 분리한다.)

ⓘ 입력예
```
3
```

ⓞ 출력예
```
    *
  * * *
* * * * *
  * * *
    *
```

7 3000 이하의 정수로 된 시작 연도와 끝 연도를 입력받아 윤년이 몇 번인지를 구하여 출력하는 프로그램을 작성하시오.

ⓘ 입력예
```
2000 2008
```

ⓞ 출력예
```
3
```

혼자서도 쉽게 익힐 수 있는

자기주도 파이썬

2024년 8월 5일　　4판 1쇄 발행

저자　　한컴에듀케이션 알고리즘연구소
발행인　송광헌
편집　　한승희
표지　　유민경

펴낸곳　복두출판사
출판등록 | 1993년 11월 22일 제10-902호
주소 | 서울 영등포구 경인로82길 3-4 807호
전화번호 | 02-2164-2580 팩스 | 02-2164-2584
이메일 | info@bogdoo.co.kr
홈페이지 | www.bogdoo.co.kr

ISBN 979-11-6675-529-3 93000
값 18,000원